教材15讲

韩震 著

北京师范大学出版集团
BEIJING NORMAL UNIVERSITY PUBLISHING GROUP
北京师范大学出版社

序　言

教材必须回应国家需要和时代要求

　　近年来，我国的教材建设能力和水平的提升，反映了改革开放以来中国特色社会主义事业繁荣发展，反映了中华民族伟大复兴进程不可逆转的历史大势。国家发展靠人才，民族振兴靠人才，中华民族伟大复兴的目标需要靠培养一代代有更广阔视野、更富有创新能力的人才来实现。教育必须回应国家需要和时代要求，构建包括高质量课程教材体系在内的高质量现代化教育体系，才能自主加快建立人才资源竞争优势。加快建设高质量教育体系，迫切需要高质量教材建设提供的支撑。

坚持国家立场

　　构建高质量课程教材体系，必须一以贯之地坚持国家立场。

作为立德树人的关键要素和载体，教材本质上是用来塑造人的。教材是解决国民教育体系培养什么人、为谁培养人、怎样培养人这些根本问题的重要依托，直接关系到党的教育方针和立德树人根本任务的落实，直接关系到国家教育现代化的实现和教育高质量体系的构建。从国家立场出发来加强教材建设，就必须从如何做好"四个服务"来立意和布局，充分反映国家意志，充分体现党领导人民开创中国式现代化新道路、创造人类文明新形态的政治想象力、文化创造力。通过让学生以好教材为遵循推进学习和思考，不仅使学生在科学知识、技能和文化素质上迅速提高水平，更要让学生逐步理解、领悟和掌握马克思主义关于自然、社会和人的发展的基本观点和规律，深刻认识实现中华民族伟大复兴是百年来中国共产党团结带领人民进行的一切奋斗、一切牺牲、一切创造的唯一主题，树立正确的世界观、人生观、价值观；还要让学生继承和弘扬中华民族伟大的民族精神和时代精神，继承和弘扬以伟大建党精神为活水源头的中国共产党人的精神谱系，打牢中国底色、浸润民族特色、传承红色基因，成长为能够担当民族复兴大任的时代新人。总之，坚守国家立场，旗帜鲜明地为党育人、为国育才，这是教材建设的根本使命。

创新话语体系

构建高质量课程教材体系，必须不断创新教材叙事的话语体系。创新教材话语体系，要坚持以马克思主义为指导，最重要的是坚持马克思主义基本原理和贯穿其中的立场、观点和方法，自觉地把基于中国化马克思主义特别是习近平新时代中国特色社会主义思想的学术体系、学科体系和话语体系转化为教材体系。这是当前教材建设的一项迫切任务。创新教材话语体系，就要立足于讲好中国共产党的故事，讲好中国的故事，讲好中国人民的故事。教材要根据学生成长的规律，用不同年龄阶段学生能够理解的话语，讲清楚中华民族创造的灿烂文明以及如何在当下实现创造性转化和创新性发展；讲清楚经过长期的不懈奋斗和艰辛探索，我们创造了中国式现代化新道路，创造了人类文明新形态；讲清楚我们选对了中国特色社会主义这条实现中华民族伟大复兴的正确道路，在成功推进这个道路的过程中历史性地迎来了中华民族从站起来、富起来到强起来的伟大飞跃。当然，我们必须意识到，创新符合国家立场、民族特色和时代要求的教材话语体系，并不是一件容易的事。我们要从中国特色社会主义事业的生动实践中，不断总结新鲜经验、凝练标识性概念、构建原创性理论，并将这些新经验、新概念和新理论转化成为新的教材话语。

熔铸国家文化标识

构建高质量课程教材体系，就要打造精品教材，熔铸国家文化标识。教材要成为国家文化标识，就必须是能够真正代表国家形象的精品。首先，必须让教材与党和国家的事业同向同行，及时充分地反映党和国家的重大实践和理论创新。教材体现党和国家意志，是教育教学的重要依据，也是认识世界、传承文化、传播真理的重要载体，我们要努力做到让教材从内容到形式都与党和国家的事业发展步伐同步推进。其次，要把教材打造成为体现中华民族文化自信的教育蓝本。要从增强文化自信的高度推进教材建设，在教材中彰显中国立场、中国智慧、中国价值。再次，要把教材打造成为具有世界水平的精品教材。教材建设在传承和弘扬中华优秀文化的同时，也要充分汲取人类文化知识积累和创新的成果，紧跟文化发展和知识创新的步伐，从而有利于激励学生的创新意识和想象力。我们要在借鉴世界一切文明成果的基础上丰富发展我们教材的呈现方式和话语体系，并且在这个过程中倡导人类共同价值，推进共建人类命运共同体。同时，还要注意到，每个学科的教材都应该结合自身特点，强化全面培养的育人导向，帮助学生形成正确价值观念、必备品格、关键能力，养成科学探索精神、健康生活方式、高尚审美情趣和崇尚劳动、勤于实践的意志品质。最后，必须在教材的规划、编写、审核、使用和管理方面下大力气推进工作，建立大中小学相关学科教材编者、审核专家的联合工作机制，在互动中共同研究梳理各学段相关教材的内容铺设和知识体系，引导学生爱学乐学、学懂学通，从而自觉将个人成长融入国家发展之中，融入实现中华民族伟大复兴的事业之中。

目录

绪　论
教材是关乎民族未来的大事

培养什么人、怎样培养人、为谁培养人是教育的根本问题

中国特色社会主义进入新时代，面对错综复杂、风云变幻的国际形势，我们必须从社会未来发展的战略高度思考教育问题和教材问题。教材的事情不是小事情，它关乎青少年精神世界的塑造。为了应对百年未有之大变局、实现中华民族伟大复兴，我们必须培养比我们更优秀的一代人，即培养堪当民族复兴大任的时代新人，才能在世界舞台上实现中华民族从"跟跑""并跑"到"领跑"的转变，让中华民族以崭新的姿态屹立在世界东方。由此看来，教材是关乎民族未来的大事。

一、好教材是青少年健康成长的引导地图

改革开放以来，中国不仅在经济社会发展上取得了举世瞩

目的成就，在教育方面也取得了很大的进展。如果没有教育的前瞻性发展，就无法理解中国经济社会几十年持续高速的发展。

教材是进行教育的基本遵循，是引导学生进行知识学习、文化传承和塑造主流社会价值观的指南。就像手里有正确的地图，才能让旅行者在旅途中走正确的道路；同样地，好的教材能成为青少年人生道路上健康成长的引导地图。地图出现差错，就可能让人走错路；包括香港教材问题在内的教训告诉我们，教材的差谬往往把一代人引向歧途。

数十年来，我国教育的成就是多方面的，其中也包括教材建设在内。教材建设的成就是主要的，这是必须加以肯定的。但是，在一段时间内，也曾经存在一些不可忽视的问题，主要表现在：个别教材不同程度地存在"去革命""去红色"现象，红色素材有所删减；存在某种历史虚无主义的现象，如缺少中华优秀传统文化的内容，反而渲染中国的封建传统，渲染中国没有法治意识、缺失科学传统、缺乏独立人格等，正面讲的例子往往是"保罗"或"比尔"，而反面的例子往往是"小明"或"小刚"；存在一定的崇洋媚外现象，如渲染国外的节日、人物等，甚至把国外的宗教现象当作先进文化来宣扬；存在某些极端个人主义、西方个人自由至上理念渗透的问题；甚至有些教材还存在涉及国家主权安全的问题。这些问题尽管是个别现象，但也造成一定的不良影响。值得庆幸的是，这些问题近些年来已经得到了清理和改正。目前，教材建设势头是很好的。

二、教材必须体现国家意志

近些年，香港有些青少年在某些势力的煽动下参与暴乱，这尽管有非常复杂的根源，但是明显也有教材和教育方面的原因。全国政协副主席、香港前特首董建华就反思了香港问题的教材根源，他认为一些教材存在刻意激化两地矛盾的现象。董建华曾承认，自己任内开始推行的通识教育失败，导致年轻一代变得"有问题"。香港的教材问题何在呢？譬如，不把中国史列入必修课，而许多历史又过多渲染中国存在的问题，甚至有些教材以"两制"对抗"一国"，公开鼓吹"违法达义"，从根子上误导青少年的价值取向，模糊青少年的国家认同。例如，龄记出版有限公司的《初中新思维通识单元2：今日香港》（第二版）第三章"香港的政治制度"及第四章"法治和社会政治参与"中就援引"律师"意见，称"全国人大常委会曾就居留权和行政长官产生办法等进行释法，更出现第五次释法。缺乏监督机制使执行《基本法》过程易偏向'一国'多于'两制'，令我对香港前景感到悲观！"香港最新的（第三版）高中教材，对1949年之后的描述就非常负面，比如，贬低中国国民素质和教育："中国的劳动人口素质欠佳，政府投放教育的资源较少。不仅低于发达国家，也比周边发展中国家低。"世界公认，中国的成功就得力于教育的成功。可是，我们自己的特别行政区的教材却说中国的教育是极差的。另外，关于历史课，香港《大公报》报道：香港浸会大学附属学校的中国历史科 9 年级阅读材料，说为什么中英爆发鸦片战争，战争源于中英政治、贸易、体制、司法制度的冲突，却只字不提英国贩卖鸦片问题。教材反而说中国"傲慢""腐败""落后"，试图引导出什么结论？引导你认为战争的原因是中英制度不一样，你比较落后，人家打你是因为你不进行自由贸易。这就是很多人尖锐指出的，"鸦片战争的鸦片怎么没有了"。香港回归之后，本来应该加强国家认同、民族认同和文化认同教育，结果历史课反而从回归之后就不是必修课了，选修的历史课程也走向迷途。

大家都知道，拿破仑 200 多年前说过，中国是一头睡狮。拿破仑是否这样说过，无稽可查，但是欧洲人说拿破仑说过却已经 200 多年了。欧洲人也知道中国人非常勤劳，每个人都很聪明。他们为什么说我们是睡狮？这是因为许多中国人当时没有国家意识，没有共同价值观，缺乏共同的精神世界，似乎是一盘散沙。比如说日本，日本为什么在甲午战争战胜中国后迅速崛起，因为明治维新之后，日本人国家意识爆棚。尽管他们走错了路，走上了军国主义。

显然，教材应该是国家事权，应该由国家统一管理。在经济全球化时代，中国必须培养认同自己国家、认同自己文化、认同自己制度、认同自己道路的可靠接班人和合格建设者，如果培养的人都像某些香港孩子那样吃里爬外，砸自己的锅，那怎么能行呢！

教育具有塑造未来的功能，教材作为教育过程中最基本的遵循，必须体现国家意志，尤其意识形态色彩比较重的思想政治、语文、历史三科。中小学教材建设，尤其是与意识形态和文化传统密切相关的三科的教材建设，必须保持统一性和立场的根基性。如果这种教材不由国家统一编审，各省(市、区)各行其是，那就可能出于地域文化特色的原因而导致多样化发展，发展久了就可能出现差异性压过统一性的现象，就不可能塑造出具有共同理想、共同信念的社会主义合格建设者和可靠接班人，甚至埋下更具颠覆性问题的种子。因此，国家统一编写是有道理的，就是基于此来构建共同的精神家园，共同的精神世界，这样才能塑造中华民族的"我们感"，而不是培养很多没有自我认同的"他者"。

三、如何编好思想政治课教材

教材是面向未来的事业。在这里，种瓜得瓜、种豆得豆。血的教训告诉我们，在教材领域绝不能放任自流。培养什么人、怎样培养人、为谁培养人是教育的根本问题。在经济全球化时代，中国需要培养认同自己的国家、认同自己文化的可靠接班人和合格建设者。在大中小学循序渐进、螺旋上升地开设思想政治理论课就是为了完成好这个任务，而完成好这个任务首先就是要编好作为落实立德树人根本任务关键课程的思想政治课教材。那么，如何编好思想政治课教材？

首先，要坚定中国特色社会主义道路自信、理论自信、制度自信、文化自信。与其他学科相比，编好思想政治课教材，更要破除教育中崇洋媚外的思想，扎根中国大地，立足中国特色社会主义伟大实践，基于中国国情，用独具中国特色的知识体系和话语体系编写教材，真正做到理论联系实际，讲好中国的故事，讲好改革开放的故事，讲好新时代中国特色社会主义的故事，讲好中华民族伟大复兴的故事。

其次，编好思想政治课教材，要把马克思主义基本理论融入教材叙事之中，用习近平新时代中国特色社会主义思想铸魂育人，这就要善于把理论资源转化为课程资源，更好地引导学生增强"四个自信"，厚植爱国主义情怀，把爱国情、强国志、报国行自觉融入坚持和发展中国特色社会主义、建设社会主义现代化强国、实现中华民族伟大复兴的奋斗之中。

最后，编好思想政治课教材，还要注重提升思政课教材的政治性、时代性、科学性、可读性。要做到立场坚定、观点鲜明、以立为本，坚持以中国特色社会主义这把尺子衡量教材中涉及意识形态素材的是非曲直；要适应新形势新条件新任务，加强内容素材创新、话语方式创新、方法手段创新，善于把理论话语转化为教材话语、把文件语言转化为教材语言；要学会讲故事，做到润物无声；要做到大中小各学段的上下衔接、各学科的横向互补与配合。

教育塑造未来，强国必须兴教。现在正在接受教育的学生，其人生黄金期是同"两个一百年"奋斗目标的实现完全吻合的，他们是实现中华民族伟大复兴的青春力量。最新一轮高中课程改革方案和义务教育国家课程标准的重新修订，都是着眼于培养担当民族复兴大任的时代新人而规划设计的。总之，基础教育课程标准修订的根本任务是立德树人，首要目标是为实现中华民族伟大复兴中国梦，把青少年培养成为有理想、有追求、有担当，知识扎实、勇于实践、创新意识强，堪当民族复兴大任的时代新人。

第一讲

教材编写的意识形态维度

这一讲主要从意识形态的角度谈谈近些年来我国在教材建设方面的工作，主要有三个方面。第一个方面，我们国家的课程改革、教材建设取得了很大的成绩。第二个方面，教材建设领域存在的问题及原因分析。第三个方面，我们应该怎么从意识形态的维度改进、完善教材编写。

一、课程改革和教材建设取得了巨大的成就

新中国成立 70 多年来，我们国家的课程改革、教材建设取得了很大成绩，我们不能抹杀这个成绩。首先是从应试教育到素质教育的转变。21 世纪初以来的教育改革，我们推进素质教育，从素质教育到核心素养的提出，这一点不仅仅是口号和概

念的变化，实质上还是做出了很大成绩的。其次是倡导研究性教学或过程性学习。对于一个过去长期处在自然经济和农业经济状态的国度，再加上两千多年封建社会的传统，我们形成了比较浓厚的灌输式教育理念和方式。现在看，这种方式已经制约了人才培养的质量。不过，21世纪初以来在基础教育领域倡导的研究性学习也就是过程性学习取得了很大成绩，学生的创新意识明显增强。再次，面向全体学生，我们从原来的选拔教育到越来越强调让每个孩子都得到成长，这一理念已经深入人心。在选拔性评价下，大多数孩子似乎成为尖子生的陪衬，制造的往往是大批的"失败者"，而过程性评价的理念是让每个孩子都成为成长者、成功者。最后，倡导课程多样化和可选择性。中国这么大，学校种类也比较多，多样性的教学资源和可选择性的教学方式才能适应我国多样化人才培养的需要。

另外，我们教材建设的成绩还表现在以下这些方面。一是中国特色社会主义进入新时代，中国从站起来、富起来到强起来了。我们要培养担当民族复兴大任的时代新人，这就给教育提出了更高的要求、更广的视野、更新的知识，需要教育工作者更有责任感、使命感。教材建设必须适应这种要求。二是应对社会主义市场经济体制的发展以及社会治理的现代化需要，教育必须满足社会对青少年政治素质和道德教育的更高要求，即我们不仅要有良好的私德修养，还需要有适应文明秩序的公德修养；我们不仅要加强道德教育，还要加强法治教育。也就是说，自然经济状态和农业经济时代靠传统风俗习惯就能保持社会的稳定，但是当一个社会从熟人社会进入陌生人社会的时候，法律对社会秩序的维护就变得越来越重要了。我们的义务教育阶段的品德课程都统一改为"道德与法治"就是这种需要的反映。三是应对生活方式和文化多样性的变化，突出了社会主义核心价值观引导的任务。为什么我们现在特别强调社会主义核心价值观融入教材体系，不是说过去我们没有价值观，而是过去我们的价值观比较单一，即使不用引导，大家的价值观也差不多。之所以现在强调社会主义核心价值观教育，就是因为价值观已经多样化了。四是应对经济全球化和世界文化相互激荡的时代形势，教材必须积极弘扬和培育民族精神，强化文化认同和国家认同教育。过去国门关着的时候，国家认同是自然而然的情况，在现代社会即使你在国内工作，也可能是给外企工作。你的身份认同很容易被撕裂。也就是说，我们每个人身上必须打上中国和中华民族的底色，才能保证我们在复合型认同的情况下底色是明显本色的。五是应对科学技术的发展和知识经济时代的到来，教育必须强化创新思维的教育。在农业经济时代，知识是经验形态的，在岁月流逝的经验重复中我们就能够熟练地掌握技能，即使在工业化时代，强调的也是标准化生产，对创新型人才的需要还不那么强烈，但是在知识经济时代，创新型人才是必需的，因为在这种情况下，只有不断创新才能保持竞争力。所以说，创新型人才和创新性思维能力的培养就成为教材编写的重要导向。

总之，我们的教材编写已经发生了变化：一是从学科本位转向知识综合和实践能力整合；二是从难、繁、偏、旧的书本知识转向关注学生的兴趣和能力培养；三是以教师的教为中心逐渐转向以学生的学为中心；四是从选拔性评价转向过程性评价；五是教材呈现形式越来越丰富多彩。大家可以拿几十年前的课本和现在的课本比一比，内容和呈现方式可以说是越来越异彩纷呈了。

上述的变化，也让政治课的形态发生了改变。一是改变了以往概念式、口号式的意识形态教育，逐步变成把意识形态渗透到学生的生活、学习和文化知识之中，使政治要求和生活规范、文化素质结合起来，形成了把思想教育与人生成长、品德养成及公民道德教育、法治意识相结合的教育模式。这是近十几年来重要的变化。二是改变了方法单一的政治教育模式。我们逐渐认识到在要求统一的教育目标的同时，充分注意学生的个性特点和自身发展需求。三是改变了过去不分年龄和身心发展阶段差异的政治教育模式，减少了单纯的宏大概念叙事，试图把主流的社会价值观与儿童青少年的成长过程结合起来，把政治要求和儿童青少年生活特点、儿童青少年视角结合起来进行教育。目前，我们已经明显改变了过去上下一般粗的问题，这从小学低年级课程教材的名称就可以看出。例如，在上一轮的课程改革之中，小学低年级德育课程是"品德与生活"，让学生在生活中体会道德规范和要求；小学高年级德育课程是"品德与社会"，让学生在对社会不断扩展的了解中理解道德规范和价值观；初中阶段的德育课程是"思想品德"，让学生对一定的道德规范和社会规范进行整体性的理解。四是强化了生命教育的内容，由单纯的社会目标教育转变到社会目标与个体生命价值的结合，这一点也是这几年一个重大的突破。五是改变了过去单纯灌输的教育方法，逐渐形成了把思想教育、价值观教育与学生自我体验、自我反思相结合的教育方法。与过去相比，现在的课程、教学更强调自觉、自省、自主、自律和自我教育。政治思想教育需要灌输，但是我们不能把思想教育仅仅限于灌输，尤其在网络化的信息时代，道德教育、思想教育应该更强调自我体验、自我反思，只有这样才能够把对学生的思想政治教育变成一个稳定形成正确认同的过程。教育，特别是思想政治教育，不是学生会考试了就是政治上好的人了，有可能考试考得很好，但思想上未必解决了问题。如果一个人会背诵课本，但是情感没有认同，那有什么用呢？六是强化了实践内化的要求。本轮课改不仅提出核心素养的概念，还提出思想政治课程要有更多的时间参与社会实践活动，通过实践提升学生的政治思想素养。这些理念都是新的变化，也是新的成绩。

二、教材建设领域存在的问题及原因分析

但是，在一段时间内教材编写也存在一些问题。比如，存

在某些"去革命""去红色"的现象，红色素材一度减少；存在某种历史虚无主义的现象，如缺少中华优秀传统文化的内容，反而渲染中国的封建传统，即没有法治、科学意识，缺乏独立人格等，这尤其表现为文化上的不自信，造成一提到中国就是落后、一提到西方就是先进的印象，这就落入东方主义的窠臼或思维模式了。这种发达与落后、理性与愚昧、正常与不可思议之间的二元对立，实际上是一种不自信的表现。最近我看了一本美国史，说美国的崛起与它对自己的自信是相关的，也就是说，殖民地时期，美国打败了英国以后有了美国自己的《独立宣言》和宪法，美国人觉得自己的新的文化要高于原来封建的欧洲文化，这个时候美国的自信心起来了，这种自信给美国的崛起提供了精神支撑。现在中华民族也在崛起，这个崛起也应该有价值观的崛起，就是"四个自信"，尤其是习近平总书记说的文化自信是最根本、最深沉的自信。

另外，个别教材也存在崇洋媚外的现象，甚至存在某些西方个人主义、西方自由理念的渗透。大家在看教材、审教材当中也发现了这些现象。经常有人说，为什么西方教育提倡自由主义、个人主义，它的社会仍然有秩序，也没有什么事？在美国和欧洲待过的同志都知道，欧美有强大的宗教，宗教恰恰是强调人要自卑，要与人为善，它与自由主义形成一种平衡。当我们在没有价值观平衡的情况下，只讲个人主义肯定会出问题。另外，有的教材内容还涉及国家安全的问题。总的说来，有些中国人就是认为中国不如外国，我觉得这是最大的问题，是文化不自信的表现。为什么会出现这种情况呢？这不是那些人不好，我认为，既然形成了一个思潮，这一定是有原因的，原因是多方面的。从历史的角度看，首先就是1840年以来的落差造成的文化自卑。我记得小时候连钉子都叫"洋钉子"，现在没有人说"洋钉子"了，这在话语层次上确实说明我们在崛起。另外，我们好不容易在1949年站起来了，尽管站起来了，但由于当时经济发展还比较落后，科学技术还不发达，我们还没站稳。但是，我们毕竟在政治上站起来了。可是，苏联和东欧剧变又造成了我们在政治意识形态上的失落感。当时我们提中国特色社会主义，最开始的时候多少有点弱势化表达的味道，"中国特色"就是说我们跟你们不一样，你不要要求我们与你们一样。但是现在再提"中国特色"就不是这样了，"中国特色"已经变成了强势话语表达，就是说"中国特色"是我们的最大特色，也是最大优势，这就是变化。

当然，文化不自信现象还有其他社会原因，比如说，我们改革开放要向西方学习，学习他们先进的科学技术和管理经验。这就形成了我们对西方人仰视的习惯。同志们，大家见到自己的老师一般是什么心态？我们长期当学生当惯了，就觉得所见的西方人都了不起。实际上在历史长河当中，西方的先进只有短短的几百年。我最近看英国人沃森写的《思想史》，书里有12世纪的一位阿拉伯学者的一段话，说这个世界上越往北人越笨，就是说西欧、意大利还好一点，英国人、法国人、德国人是最笨的，12世纪就是这样的状况。中国在古代进入文明状态的时候，欧洲人还在森林里追兔子呢。当然，我不是说我们不用学习了，只是说向西方学习不能丧失自己的信心和自主能力。也就是说，如果完全封闭是不对的，但是如果认为自己就永远不如人，那就有问题了。中国这些年为什么发展这么快？就是因为中国人能干、聪明，我们的制度好，我们的文化中有令人珍视的内容，我们必须这样理解。如果我们的制度、文化特别差，反而我们的经济、社会发展得特别好，哪有这个道理？为什么习近平总书记说中国共产党、中国人民最有理由自信，就是这个意思。习近平总书记说："当今世界，要说哪个政党、哪个国家、哪个民族能够自信的话，那中国共产党、中华人民共和国、中华民族是最有理由自信的。有了'自信人生二百年，会当水击三千里'的勇气，我们就能毫无畏惧地面对一切困难和挑战，就能坚定不移地开辟新天地、创造新奇迹。"另外，中国社会结构发生了巨大变化，比如社会分化、利益多元化和思想的多样化，市场经济和新媒体的相互作用，公民自主意识提高，大家的批判意识、挑剔意识在增强，对权威、正统也会持怀疑态度。

文化上不自信的现象当然也有文化上的原因，"文化大革命"代表的意识形态极端化，也是造成人们对政治疏离的原因。再者，知识经济对创新的需要强化了批判性思维，我们必须面对这种变化。过去在工业化时代强调的是权威，在知识经济时代还完全强调权威、绝对一致，那怎么能行呢？必须得有一种创新、反思、批判性思维。但是在批判性思维之下，我们如何构建政治认同？这对我们就是挑战。

三、从意识形态的维度改进、完善教材编写

信息技术特别是互联网塑造的公共领域促成公民自主意识的提高，这也改变着人们的思维。许多人见了国外的东西，觉得新鲜，以为新奇的东西就是好的东西。还有许多其他社会问题，如社会上诸多的道德失范现象也造成人们的思想混乱。另外，我们本身在价值观建设方面也存在问题。我们失去自信心之后总觉得不如别人，我们谈价值观的时候，总觉得我们的价值观不具有普遍意义，反而认为人家的价值观是有普遍意义的。这就造成了我们在理论和道德上缺乏制高点。为什么习近平总书记提"人类命运共同体"？这就是一个国际道义制高点的问题。我们提"人类命运共同体"，就要比特朗普的"美国优先"高多了。现在中国在美国皮尤研究中心的国际形象调查中，得分已经超过了美国。

中国内部文化上的不自信也存在外部原因。我们可以分析外部原因的构成，譬如西方国家对社会主义意识形态的围剿。他们或者想把我们变成附属性存在，或者试图赤裸裸地遏制我们。这个世界目前仍然是以西方为强势霸权的，西方世界也有一个核心圈，这个核心圈是什么？就是讲英语的国家，即盎格

鲁—撒克逊传统国家。所谓"五只眼"即"五只眼"情报机构，不光监视我们，连讲德语、法语的国家都监视。对西方世界而言，中国是绝对的"他者"，中国不属于西方文化，或者说不是白人国家，而且是共产党领导的国家。现在美国成立的应对急迫威胁委员会，就是针对中国。另外，西方发达国家在价值观操作上有丰富的经验，而我们缺乏这方面的经验。比如，我们称其他参政党为民主党派，好像中国共产党不民主似的。这就是价值观的话语表达问题，是价值观操作问题，这里有一个语言运用的问题。

还有一个问题，好多人认为西方没有政治课，这是一个错误的观点。美国有"公民与政治课"，日本有"公民课"，德国有"政治科学课"，怎么能够说西方没有政治课呢？而且我们的政治课程和教材还只讲自己的价值观，美国是公开主张世界上都应该按照美国的价值观重新安排，美国试图用自己的价值观塑造整个世界。另外，美国也很重视包括爱国在内的价值观教育。譬如，奥运会上的"道格拉斯事件"，即在巴西奥运体操赛现场奏响美国国歌、升起美国国旗的时候，道格拉斯的队友们都纷纷注视国旗，并且将手放在了胸口位置以示尊重。然而，道格拉斯显得有些另类，她只是站在那里，目光似乎也并未注视国旗。于是，许多美国人指责她："国家给了你机会去参加比赛，你没有任何理由不向自己国家的国旗致敬！"我们讲爱国的时候，西方人说我们洗脑，你看他们不洗脑吗？当然面对这些问题，我们必须改进，我们首先要坚定自信，必须破除崇洋媚外的心态，破除文化自卑的心态。当然真正的文化自信不是跟外边不来往，不是那样的。但是我们要防止囫囵吞枣，将西方价值观全盘吸收。我们必须基于我们的国情，讲好我们的故事。

在经济全球化的时代，我们绝对不能关起门来自说自话，但是我们必须以自己的立场和话语来说话，把中国的历史、现实、发展目标说清楚。如果抛开自己民族的特点和现实要求，拿西方自己也没有完全实现的追求作为标准，就很难有说服力。在舆论竞争环境下阐释我们的主张，当然就要进行彻底的理论研究和说明。

为什么教材是国家事权呢？在经济全球化时代，国家仍然是基本的利益共同体，按照国家建构的理论，国家塑造民族，而不是民族塑造国家。西方有一本书叫《想象的共同体》，其中写道，人有了共同的价值观、共同的利益，才可能形成共同体。在经济全球化时代，中国要培养认同自己的国家、认同自己文化的可靠接班人和合格建设者。教育具有塑造未来的功能，教材是规范教育的最主要遵循，因此，教材必须体现国家意志。如果说中小学教材建设，尤其是三科教材建设，不由国家统一编写、审定，而是由各省（市、区）各行其是、多元化发展，就不可能塑造出有共同理想、共同信念的可靠的社会主义接班人和合格建设者。如果我们的教材任由每个省（市、区）各行其是，尤其是塑造精神层面的教材各行其是的话，这个社会就会逐渐变得越来越有差异，时间长了，差异就会变成分裂的种子。比如说，有的香港教材宣扬香港这个地方自古以来就有人居住，好像跟广东人没关系似的。另外，它讲中国历史只讲到"文化大革命"，这种做法显然会影响香港人的国家认同。在其他省份也有一些教训，这些我们都应当认真汲取。因此，教材只能是国家事权，因为它是塑造我们整个民族灵魂层面的事情。

第二讲

三科教材统编是国家事权

我们研究价值观研究晚了，到 2006 年才提出社会主义核心价值体系，到党的十八大才提出"三个倡导"，而西方已经讲了几百年了。价值观是一个是非曲直、善恶美丑的标准，结果标准掌握在西方国家手里，西方国家过去到处烧杀抢掠，却说是传播文明，我们去援助非洲，反而被称为"新殖民主义"。

西方没有政治课？假的。西方国家非常重视意识形态和价值观教育。法国开设"道德与公民教育课"，美国有"公民与政府"课堂，英国教育大臣说，"树立核心英国价值观是英国教育的重中之重"。

教材是国家事权。作为教育过程中最基本的遵循，教材必须体现国家意志，尤其意识形态色彩比较重的"三科"，如果每一科教材各省（市、区）编各自的，中国文化差异还是有的，这么大的国家，编成以后差异性就会越来越大，差异大了就是断裂，时间久了就容易分裂。

一、三个逻辑的变化

第一个逻辑变化是中国特色社会主义进入新时代。这不仅仅是一个概念，中国确实发生了变化，什么变化？那就是我们当前所遇到的百年未有的大变局，这样一个变局对中国来说非常重要。比如几百年前明朝的时候，我们的航海技术是在全世界领先的，如果循着那条道路走下去，现在的世界面貌就不是目前这样。

第一是社会主义市场经济发展。把社会主义和市场经济结合起来，这是中国的创举，尽管匈牙利人提出社会主义市场经济的概念，但唯有中国在实践中实现了这种机制。为什么中国发展速度这么快？这就是因为中国社会主义市场经济探索是一个伟大创举。但社会主义市场经济发展对道德素质，对青少年的政治素质实际上提出了更高要求。最近，大家知道刚颁布了《新时代公民道德建设纲要》，该文件对之前的文件有不少修改，为什么要修改？因为十八年过去了，市场经济的发展确实对道德提出了更高要求。比如说，道德适应范围扩展了。过去在农业社会，是熟人社会，我们对熟人和陌生人的道德要求不一样，现在我们要求一视同仁的道德，道德更具有普遍性，而且道德内涵也发生了变化。因此，我们面临着更加突出的铸魂育人的任务。为什么中央这么重视"立德树人"？实际上，新时代对孩子的道德素养提出了更高要求，这不是简单的道德爬坡和滑坡问题，而是随着社会发展，对道德素养要求、内涵都在扩展和提升。

第二是应对生活方式多样化变化，突出了核心价值观引导。为什么我们越来越重视价值引领？因为过去大家都听着同样的广播节目，看着同样的电视节目，甚至穿着同样的衣服，社会结构比较单一，大家的价值观就非常一致。现在不一样了，一方面，由于打开国门，不同的价值观摆在我们面前，我们必须做出选择。我们研究价值观研究晚了，到 2006 年才提出社会主义核心价值体系，到党的十八大才提出"三个倡导"。由于研究晚了，我们现在还讲不圆，而西方国家已经讲了几百年了。价值观是一个是非曲直、善恶美丑的标准，结果标准掌握在别人手里，西方国家过去到处烧杀抢掠，却说是传播文明，我们去援助非洲反而称为"新殖民主义"，这就是因为标准掌握在别人手中，所以不研究不行；另一方面是社会多样性，过去即使有城乡差别，但是城乡各自生活在自己圈子，现在社会职业分化、价值多样化了，思想不一致，如果没有共同的精神世界，社会就容易分离。也就是说，正因为价值多样了，所以我们才必须提出核心价值观的问题，一个国家、一个民族必须得有共同性；作为一个中国人，共同性到底意味着什么？意味着我们要培育共同的价值观，共同的精神世界。

第三是在经济全球化时代，中国不可能脱离世界。明朝时候的海禁政策导致中国衰落，中国要想发展，就必须融入世界。中国是一个文明古国，从来不是一个世界强国，因为当我们强大的时候世界还不成其为"世界"，当世界变成一个"世界"的时候中国反而衰落下去了。中国要真正实现中华民族伟大复兴，那不是恢复到原来一个影响周边的地区性大国，而只能在经济全球化时代作为世界强国而崛起，但是打开国门之后，就面临国家认同的复杂性问题。我们强调文化认同和国家认同，这显然都是有原因的，背后都是历史进程带来的新要求。

第四是应对科学技术的发展。教育方式在发生变化，知识形态也发生了变化，学习方式也就肯定发生变化。我们培养创新型人才，按照原来那种方式进行教育，效果就打折扣了，既不合时宜也没有效果。

中国特色社会主义进入新时代，必须有新的理念来应对我们的教育。可能我们的发展速度太快了，我们自己往往意识不到，而西方却感到震惊。为什么叫"中国奇迹"？就是因为在意料之外，因而就变成奇迹。看看世界的反应：法国的《世界报》(Le Monde)，头版大字写汉字"中国，强国崛起"；美国的《时代》(Time)杂志，封面汉字写着"中国赢了"。中国崛起不是一个小国崛起，是一个具有世界近五分之一人口大国的崛起，中国崛起已经改变了世界格局。中央提出要培养堪当民族复兴大任的时代新人，这是有原因的。我们 1949 年站起来了，但站得仍然是哆哆嗦嗦的，饭吃不饱，衣穿不暖。理解那种贫穷情况，才能理解为什么 1978 年要开始改革开放。改革开放让我们开始富起来了，我们已经达到世界的中等偏上水平，但是光富不行。科威特比我们富、伊拉克比我们富、利比亚比我们富、叙利亚比我们富，但是国家一夜之间就可能灰飞烟灭。比如，乌克兰曾经是苏联的发达地区，现在乌克兰怎么样？可见，中国特色社会主义不是一个简简单单的口号，背后其实是人民是否幸福，国家是否富强，民族是否能够振兴。

1990 年的时候，俄罗斯 GDP 比我们还稍微多一点，现在短短 30 多年过去，其 GDP 已经变成不到中国的九分之一，俄罗斯靠强大的军事力量保持了自己大国的尊严，乌克兰呢？所以说，尤其像我们这种占世界近五分之一人口的大国，如果没有强大的国家力量会怎么样呢？倘若国家落后，被人欺负，人民也就没有尊严。

改革开放 40 多年来我们发展为什么快，因为我们"跟跑"。看人家怎么干，我们就怎么干，可以吸取别人的经验教训，少走很多弯路。但发展到这一步，还想看别人怎么跑，在很大程度上已经不可能了，这个时候就到了自己"领跑"的时候，"领跑"的水平就需要凸显出来了。所以中华民族如果真正要实现复兴的话，光靠在后面跟着跑是永远实现不了的，必须作为自主而开放的创新性民族才能复兴，也就是恩格斯说的"站在世界科学的高峰"。因此，中央说的培养堪当民族复兴大任的时代新人，就是说要培养比我们更优秀的一代人，才能完成这个任务。因为我们这一代人基本上一直是跟着跑的，我们要培养未来在全球舞台上"领跑"的一代人，这样才能真正实现民族复兴伟大梦想，这就是时代发展的第一个逻辑。

第二个逻辑变化是知识形态也发生了变化。在自然经济状态和农业社会的时代，知识形态是经验形态的，比如，很多人穷其一生，跟着师傅学一门手艺。经验形态的知识有什么特点？第一得靠岁月积累，学习效率低；第二不具普遍性，它只能在这一个特殊的职业当中或特定的情景下发挥作用。过去，社会发展比较慢，所以说，他只要学一门手艺就能靠这门手艺安身立命。现在社会发展很快，很多职业往往被时代结构性地淘汰，这就造成结构性失业了。所以后来进入工业社会，形成标准化生产，知识形态变成原理式的知识。但是现在知识形态又发生改变，就是信息技术介入下的差异性创新时代。过去都说，"学会数理化，走遍天下都不怕"，现在好像不大说了。不是说原来的知识形态已经没用，而是说新形态的知识虽然是包含原有知识形态的，但是发挥作用的关键已经改变了，因此，对我们的教育就提出了新的要求。

新时代要求的是养成一种关键能力的素养，而不仅仅是单独哪门特殊的知识。我当系主任的时候有一位老师，学生给他打分特别低，我就去听他的课，一听我就知道原因了，因为他还在教学生怎么做幻灯片。幻灯片有什么用？电脑都普及了。不知道根据变化的形势改变自己的教学内容，学生当然没法喜欢。知识形态的变化，这是新时代教育面对的第二个逻辑。

第三个逻辑是国际地缘政治竞争的政治逻辑。为什么中央如此重视"立德树人"？那是因为中国面临的国际竞争更加严峻。目前，如果中华民族真想要实现伟大复兴，我们就必须作为世界强国而崛起。我们要崛起，可人家并不愿意让我们崛起，为什么？并不是意识形态差异的问题。日本的意识形态与美国相近，但经济上同样遭到了严重打压。1998年的时候，欧盟出钱让我去研究欧洲一体化问题，我从欧洲回来后，报告里就写道："真正阻碍欧洲联合的不是俄罗斯，不是中国，中国是欢迎欧洲一体化的；俄罗斯尽管不高兴，但是它越不高兴，却越成为激发起欧洲一体化的动力；恰恰在政策上阻碍欧洲一体化的是美国，美国的货币政策都是为了让欧元感到难受，因为美国的战略是必须保持对所有对手倍数的优势。"现在美国碰到对手了，中国成为一个真正的"战略对手"，它就觉得自己受到威胁了。美国商务部前部长罗斯在美国的内阁中被认为对华态度是温和的，他也说"中国一直是世界工厂，现在竟然想成为全球科技创新（中心）。太可怕了"。为什么可怕？因为美国对中国的定位不是创新中心，而是劳作中心。而且，美国越来越自私霸道，提的口号是"美国第一"，而中国越来越愿意为世界发展提供方便，提的口号是"共建人类命运共同体"。所以，中美之间的斗争不是一天两天能解决的。我是搞历史哲学的，有人问我中美之间的贸易摩擦或"贸易战"会打多长时间，我认为至少要打三四十年，因为美国打压日本都打压了20年，中国块头更大，就更加难打压。两个结果会导致不打了，第一就是中国被打压下去了。被打压下去是什么结果？日本被打压下去的时候已经是富裕了，还能维持富裕国家，中国如果被打压下去，就是中等收入陷阱，就是类似巴西、阿根廷这种状态。在这个意义上，美国哈佛大学教授艾里森说得非常清楚："中美之间的斗争不是哪个总统的事，也不是哪个政党的事，而是中国迅速崛起所造成的结构性压力。"

西方文化是这个世界的优势文化，其中西方文化的底色是盎格鲁—撒克逊文化，"五只眼"情报机构都是英语国家，这是西方文化的底色，"五只眼"不光监督我们，连讲德语、法语、日语的，他们都是监控的。中央为什么提出伟大斗争？我们能够轻轻松松等待中华民族伟大复兴吗？怎么可能！第二个不再打贸易战的结果是什么？就是中国继续高质量发展。中国块头越来越大，大到美国已经打压不动。即使我们仍然比它穷，但是由于我们十几亿人口的块头，我们的富裕程度达到美国的一半，实力就不可小觑。美国人为什么与中国搞贸易摩擦，关键就是争夺科技创新的竞争力。美国忌惮的并不是顺差和逆差的问题，而在于中国的科技发展。

美国的网民自己就说，按照西方的标准，中国应该比过去更好了，国家管理越来越符合人性了，越来越宽松了，而且也更关心国民了，包括对世界的责任也更重视了，但受到的攻击却越来越猛烈了。为什么？因为西方不想让中国成功。好多年轻人被洗脑，认为如果中国变得跟西方一样就不会被打压了，怎么可能！西方希望中国变成像巴西、阿根廷这样的国家，你富裕一点他们就会来割韭菜，这就是沃尔斯坦所谓的世界体系的中心和边缘关系。奥巴马曾经说，如果中国人都过美国人一样的生活，那地球能够受得了吗？正如他们自己说的"西方并不谋求对世界构想，只是想让自己支配全球"。正因如此，中国在西方被抹黑、被反感甚至被仇视。

甭管他仇视不仇视，我们中华民族作为一个占世界近五分之一人口的大国，我们当然要为我们的人民，为我们未来的子孙，创造一个美好未来，这就是为什么我们要培养堪当民族复兴大任的时代新人的政治竞争逻辑。原来的世界工厂，现在想当科技中心，怎么可以？这就是美国开始牵制我们科技发展的原因，因此我们培养创新型人才是有历史性意义的。培养创新人才，不仅是培养物理学、数学、化学知识能力，培养创新人才也需要培养责任感、使命感，实际上创新人才的培养，人文社会科学也起关键作用。

一定要丢掉幻想。有些年轻人容易被西方洗脑，但"美国第一"的论调，应该让人从梦幻中醒来了。所以，大家应该理解为什么中央高度重视思想政治教育，习近平总书记亲自就一门课开座谈会，把思想政治理论课看成是立德树人的关键课程，全国教育大会重申党的教育方针，深化新时代教育理念。我认为，中央就是从战略角度抓发展机遇，抓机遇就得培养创新型人才，培养堪当民族复兴大任的时代新人，或者说就是培养比我们这一代人更优秀的一代人才能完成这个任务。这就要有更高远的历史站位，尤其思想政治、语文、历史三科，都必须有更高的历史站位、更宽广的国际视野，才能理解其意义。三科的育人目标必须与时代发展同向同行，就是要与党和国家事业发展相适应，必须与党的理论创新同步推进，至少思想政治课程必须这样做。

二、西方没有政治课是一个谎言

培养什么人、怎样培养人、为谁培养人是教育的根本问题。我们可以讲讲反面例子，比如说新疆。新疆的教材一度不是宣传中华民族的英雄人物，而是把凯末尔当成偶像；不讲中国统一的重要性，而是宣扬别的东西。结果，中国跟土耳其踢足球的时候，有些学生反而在那儿唱土耳其国歌，这就是孩子从小接受的教育造成的。十几年，就是错误的教材在那里起作用，已经影响一代人。现在香港的问题，有记者采访，我说，这里头尽管也有其他原因，但是教育和教材的原因不能忽视。最近我又看了一些香港的最新教材，看后觉得确实不像话，香港的基础教育教材居然比美国、欧洲、日本还贬低中国内地，感觉和内地不像一个国家了，不像一个民族了。

香港今年最新的高中教材(第三版)，对 1949 年之后的描述就非常负面。比如，贬低中国国民素质和教育："中国的劳动人口素质欠佳，政府投放教育的资源较少。不仅低于发达国家，也比周边发展中国家低。"在世界上，大家都认为中国的成功，得力于教育的成功。结果，我们自己的特别行政区的教材却说中国的教育是极差的。还说放开内地游客香港自由行以来，游客几乎无处不在，地铁拥挤不堪，再加上他们素质低，上班族苦不堪言。这种描述显然引导港人对内地反感。而且教材在数据编排上故意贬低中国，比如幸福指数，中国内地排在 93，这在 200 个左右的国家和地区中至少排名中等，结果香港排表时最后一个是中国内地。还有很多其他排名也都是中国内地最低。可见，教材编写者有意糟践。这就不难理解，为什么许多国家的人都欢迎中国内地人去旅游，有些香港人却不欢迎，原因就在这儿。

　　另外还有历史课，香港《大公报》报道：香港浸会大学附属学校，中国历史科 9 年级阅读材料，说为什么中英爆发鸦片战争，战争源于中英政治、贸易、体制、司法制度的冲突，却只字不提英国贩卖鸦片问题。教材反而说中国"傲慢""腐败""落后"，试图引导出什么结论？引导学生认为战争爆发的原因是中英制度不一样，你比较落后，人家打你，是因为你不进行自由贸易。这就是很多人尖锐指出的，"鸦片战争的鸦片怎么没有了"。香港回归之后，本来应该加强国家认同教育、民族认同教育、文化认同教育，结果历史课反而从回归之后就不是必修课了。

在思想政治课教师座谈会上，习近平总书记说过一句话，经常有人说西方没有政治课，他说，这是没有的事。西方国家非常重视意识形态和价值观教育。法国 2015 年启用新教学大纲，开设"道德与公民教育"课，初中、高中都有。这是什么课？这就是思想政治课，我们叫"道德与法治"。

英国教育大臣就说，"树立核心英国价值观是英国教育的重中之重"，"所有学校要像提升学术标准那样提升英国价值观，让每个孩子懂得英国价值观与学习数学、英语同样重要，每一所学校都应当推行英国核心价值观，就如同所有学校都应当推崇严格学术规范一样，无一例外"。

德国默克尔说，"在德国建构多元社会的努力已经彻底失败"，"外国移民应当更好学习德语融入社会"，"我们感觉自己与基督教价值观紧密相连，那些不接受它们的人在这里没有位置"。

都说美国没有政治课，怎么没有？美国的"公民与政府"课堂是什么？不就是政治课嘛！他们不但有，他们的教法还应该值得我们学习。我们习惯教孩子概念，让大家背过以后考试。而他们更多的是教孩子怎么生活，譬如讨论问题，他们先选一个主持人，讨论问题必须举手，而且一个人讲话时其他人不准随便打断他。显然，都是有规矩的。当然，选举也不是没有问题，你们看，一选举，长得比较帅的往往就容易被选出来。

我们进行爱国主义教育，他们说我们洗脑，我们看美国的

"道格拉斯事件",这是他们的网络、他们的报纸说的,"国家给你机会参加比赛,你没有任何理由不向自己国家的国旗致敬"。为什么美国人自己进行爱国主义教育,却不让我们进行爱国教育?他们是希望全世界都爱美国。他们说我们洗脑,他们好像洗得更彻底,不光洗美国人脑,还洗全球人的脑。

三、三科教材"统编"是国家事权

教材编写不是小事,而是肩负着塑造未来的神圣使命,是事关未来的大事。

大家都知道,拿破仑 200 多年前说过,中国是一头睡狮。欧洲人也知道中国人非常勤劳,每个人都很聪明。他们说我们是睡狮,是因为什么?是因为中国人当时没有国家意识,没有共同价值观,缺乏共同的精神世界,似乎是一盘散沙。比如说日本,日本为什么在甲午战争战胜中国后迅速崛起,因为明治维新之后,日本人国家意识爆棚。尽管他们走错了路,走上了军国主义。

讲到这里,我们回归三科教材的问题,这就是为什么说教材是国家事权。在经济全球化时代,中国必须培养认同自己国家、认同自己文化、认同自己制度、认同自己道路的可靠接班人和合格建设者,如果培养的人都像香港某些孩子那样吃里爬外,砸自己的锅,那怎么能行呢!因此,教材作为教育过程中最基本的遵循,必须体现国家意志,尤其意识形态色彩比较重的三科，如果每一科教材各省（市、区）编各自的，中国文化差异还是有的，这么大的国家，编成以后差异性就会越来越大，差异大了就是断裂，时间久了就容易分裂。因此，国家统一编写是有道理的，就是基于此来构建共同的精神家园，共同的精神世界，这样才能塑造中华民族的"我们感"，而不是培养很多没有自我认同的"他者"。

四、怎么编好教材

怎么编好教材？第一，要自信。中国特色社会主义道路自信、理论自信、制度自信、文化自信，其中文化自信是更加深层的问题。中国有 5000 年文明，尽管中国人近代落伍，但是迅速崛起，说明中华民族并不比别人差。我一直有个观点，民族文化没有优劣之分，但是确实有健康和不健康之分，健康的时候就善于学习因而发展比较好，不健康的时候恰恰就是学习能力最弱的时候，就像人得病之后吃不进去，吃进去也消化不了。中华民族进入健康发展的时期，我们愿意学习也善于学习，而且学习以后能消化，消化以后还有自己特点，比如网络这件事，现在很多西方国家开始反过来学我们。这就说明，中华民族并不比其他民族弱，但是我们要学会用自己话讲自己事，别跟跑跟久了，不会自己走了。

第二，编好教材就要把马克思主义基本理论融入教材叙事当中，不能直接以僵硬的形式主义进入，要学会融入，这就像炒菜一样，比如西餐、中餐都是用米、面、菜，为什么有差异？料理方法不一样，用的调料不一样，就造成中西餐的差别。因此，就像要学会用自己的方法来料理食品一样，要让孩子愿意吃，吃下去他才接受，接受以后他才健康成长，而我们过去在这方面研究不够，就像用盐似的，经常给孩子直接把盐端上去了，就像"社会主义核心价值观"的 24 字天天让他背，这就是直接让孩子吃盐，更多情况下应该把价值观渗透到故事里，就像做出的中国菜一样，看不着盐粒，甚至闻不到盐味，只有菜香，这样的饭菜才受欢迎。

总之，教材无小事，它关乎青少年精神世界的塑造。过去我们相对落后的时候，反而好发展，现在发展到这一步，我们就可能成为众矢之的了，发展的环境就更复杂了，必须有更强烈的责任感、更高远的使命感、更广阔的视野、更具韧性的努力，才能完成发展的任务。我们必须在这方面作出我们的贡献、我们这代人的贡献，教材建设整体上要守正创新、面向未来。社会在高速发展，教育绝对不能落后于社会发展的步伐。

第三，我要讲一讲一线教师的作用。教材编得再好，如果教不好那仍然没有完成任务；教材即使编不好，如果老师教得非常好，那也完成任务了。因此最后一千米是一线教师，应该感谢一线教师的贡献。教师是学生的引路人，因此自律要严、人格要正，要用人格影响塑造更年轻、更有未来、生活舞台更加广阔、更具国际影响力的一代人。

第三讲

新编普通高中思想政治教材的理念与特点

　　2019 年秋季开始，北京、上海、天津、山东、辽宁、海南 6 省市率先使用 2019 年由国家教材委员会审核通过的统编普通高中《思想政治》新教材（以下简称"新教材"）。我们应该充分理解新教材的主要内容和特点，认识使用新教材的意义，加强教师培训，激发他们上好思想政治课的积极性、主动性和创造性，发挥思想政治课教学在立德树人中的关键作用。

一、编写的时代背景

　　教育与社会是相互塑造的关系。因此，教材的编写肯定与社会的发展密切相关。作为落实立德树人根本任务的关键课程，思想政治课教材更要及时反映社会发展的新理念、新要求。统编高中《思想政治》教材面临的社会历史背景，就是中国特色社会主义进入新时代。因此，编写教材必须着眼于用习近平新时代中国特色社会主义思想铸魂育人，引导学生增强中国特色社会主义道路自信、理论自信、制度自信、文化自信，厚植爱国主义情怀，把爱国情、强国志、报国行自觉融入坚持和发展中国特色社会主义事业、建设社会主义现代化强国、实现中华民族伟大复兴的奋斗之中。一言以蔽之，新教材编写的目的就是要有利于培育堪当民族复兴大任的时代新人。

(一)适应新时代中国特色社会主义的实践逻辑

中国特色社会主义进入新时代，意味着近代以来久经磨难的中华民族迎来了从站起来、富起来到强起来的伟大飞跃，迎来了实现中华民族伟大复兴的光明前景。经过 40 多年的改革开放，中国取得了举世瞩目的成就，迅速赶上了世界发展的潮流。一方面，鉴于经济全球化和社会主义市场经济的发展，面对生活方式和文化价值观多样化的变化，我们突出了社会主义核心价值观引导。与此同时，为了适应社会主义市场经济体制的发展对青少年政治素质和道德教育提出的更高要求，我们特别需要加强对青少年的公德意识、规则意识和法治意识的培养。另一方面，中国从近代以来"跟跑"，现在逐渐进入"并跑"并在某些领域开始"领跑"的阶段。"领跑"要比"跟跑"更为艰巨，因此，我们必须培养更加优秀的新一代，只有他们知识水平更高、视野更广、责任心更强，将来，我们才能实现民族复兴的伟大梦想。

(二)基于知识形态变化的历史逻辑

自然经济时代，知识大多是以经验形态而存在的，到近代大机器工业时代，知识进入了普遍原理的形态，而到今天信息化时代，知识的形态更多表现为信息技术介入的智能化知识，因而创新的意义更加凸显。当然，这并不是说我们已经摆脱了经验和普遍原理的知识形态。实际上，后来的知识形态是在原先知识形态基础上的发展，并且自身包含着原来形态的知识。但是，知识创新本身已经成为社会发展最重要的动力，我们必须把关键技术掌握在自己手里，才能不被别人卡脖子。民族复兴需要中国青年增强知识创新的能力，这就要求我们的教育要培养在知识创新方面走在世界前列的人才。为了应对科学技术的发展和知识经济的浪潮，我们必须强化创新意识和创新精神的教育。思想政治课应该为培养具有创新意识和使命感的人才发挥独特的作用。

(三)基于国际竞争的政治逻辑

在当今世界，综合国力的地缘竞争仍然是不以人的意志为转移的，地缘竞争仍然是主权国家之间的政治现实。在当今世界，以美国为首的西方国家肯定不希望中国顺利崛起。尤其是美国自从拥有世界超级霸权以来，苏联、日本这样的竞争者都被美国遏制住了发展的势头甚至导致解体的结局，而欧盟也因英国的脱欧而被削弱。我们由此可发现美国唯我独尊的政治逻辑及为了压制竞争对手无所不用其极的策略。从经济和竞争力的方面说，美国商务部部长罗斯就明确指出："中国一直是世界工厂，现在竟然想成为全球科技中心，可怕。"美国为什么如此仇视《中国制造 2025》，那是因为按照美国人的逻辑"中国的这个计划将美国的知识产权置于危险境地，令人恐惧"。从政治和文化的角度看，已经被免职的美国国务院原政策规划处主任基伦·斯金纳竟然诉诸种族主义。她指出：与北京的对抗是"一场与一个完全不同的文明和不同的意识形态的斗争，美国以前从未经历过这样的斗争""我们第一次面对一个非白种人的强大竞争对手"。无论如何，对许多中国人来说，特朗普所代表的民粹主义和霸凌主义是一支清醒剂，被美国洗脑的人应该清醒了：美国为什么对中国拼命打压，因为他们给中国的定位，就是中国人永远给美国人当低价制造商和利润搬运工。而中国居然制定出高科技发展计划，想在人工智能、通信等领域领先世界，资本主义国家的本质决定了美国当然要翻脸。目前，西方国家在经济、军事、外交、文化等领域展开了对中国的遏制，而且他们最主要的策略还是试图通过改变中国青少年的思想使中国"自我解构"。显然，在经济全球化和世界格局错综复杂的局势下，为了应对百年未有之大变局，教育必须积极介入弘扬和培育民族精神，厚植爱国主义情怀，强化文化认同和国家认同的引导。

正是基于我们所处时代的实践逻辑、历史逻辑和国际竞争的政治逻辑，开好思想政治课、编好思想政治课教材具有特殊的重要意义。高中思想政治课在思想政治教育体系中具有承前启后的关键作用。只有开好高中思想政治课，我们才能真正把下一代的政治立场、民族情怀、家国意识引导好、教育好、培养好。我们党志在中华民族的千秋伟业，就要培养一代又一代拥护中国共产党领导和我国社会主义制度、立志为中国特色社会主义事业奋斗终生的有用人才。在这个根本问题上，我们必须旗帜鲜明、毫不含糊。

二、编写的依据和基础

除了落实以立德树人为根本任务的、各学科都要遵循的各项上位依据之外，思想政治课更为关注以下根据：党的十八大以来中央历次全会决定和习近平同志系列重要讲话精神，特别是党的十九大精神和习近平新时代中国特色社会主义思想。以上是这次教材编写最重要的依据，目的是紧跟党和国家重大理论和实践创新的步伐。中国特色社会主义进入新时代，我国已经发生"最为广泛而深刻的社会变革""最为宏大而独特的实践创新"，这些都对人才培养和学生未来发展有了新的期待，我们必须以习近平新时代中国特色社会主义思想铸魂育人，培养德智体美劳全面发展的社会主义建设者和接班人。普通高中要落实好立德树人根本任务，就是要理直气壮地开好思想政治课，而开好思想政治课就要编好作为思想政治课基本遵循的教材，用新时代中国特色社会主义思想铸魂育人，引导学生增强中国特色社会主义道路自信、理论自信、制度自信、文化自信，厚植爱国主义情怀，把爱国情、强国志、报国行自觉融入坚持和发展中国特色社会主义事业、建设社会主义现代化强国、实现中华民族伟大复兴的奋斗之中。

编写新教材也是以过去思想政治课教材编写经验为基础的。对课程沿革特别是近几十年课程改革及教材编写经验的系统总结，让我们在编写理念先进、设计新颖、图文并茂的教材方面已经有了很好的实践经验。另外，我们也参照了国际相关课程的比较研究，从中寻找对我们有借鉴意义的资源和方式。再一方面，对各省市高中思想政治课教学实际情况进行的系统调研结果，也是新教材编写的重要基础，对调研情况进行数据分析，从中可以让我们发现一些规律性和趋势性的东西。最后，一线教师和教研员在实际教学过程中的新鲜实践尝试，以及在试教环节中发现的问题，对完善教材的编写也发挥了非常重要的作用。

过去，思想政治课教学和教材编写方面的许多很好的经验，为这次统编教材的编写工作提供了良好的前提。但是，思想政治教材必须伴随着时代的变化而完善，跟随时代的发展而提升。思想政治教材的重新编写，就是教材得以完善的机会，那就必须以问题为导向。现行的高中思想政治课教材存在什么有待改进的地方呢？一是思想政治教育重点不够突出、不够鲜明，如共产主义远大理想和中国特色社会主义共同理想讲得还不够充分，依然过于看重学科知识体系，如政治学、经济学、哲学等；二是从教材体系看，仍存在相关内容简单重复、目标递进层次不尽合理、相互衔接不够顺畅等问题；三是反映党的理论创新的成果仍然不太充分，需要及时跟进理论与实践的发展，如反映习近平新时代中国特色社会主义思想的内容相对不充分；四是课程实施的活动性、参与性不够，仍存在内容固化、形式僵化、路径单一的问题。我们必须不断完善教材编写工作，提升教材的质量，充分发挥教材的育人功能。

总之，在新编思想政治课教材过程中，编写者充分地意识到，这门课程是立德树人的关键课程。因此，在编写过程中必须坚持以下几个原则：一是要立场坚定、观点鲜明、以立为本，坚持以中国特色社会主义这把尺子衡量教材中涉及意识形态素材的是非曲直；二是坚持思政课在课程体系中的政治引领和价值引领作用，统筹大中小学思想政治课一体化建设，推动各类课程与思想政治课建设形成协同效应；三是要根据中国特色社会主义事业发展进程，不断适应新形势、新条件、新任务，坚持思想政治课建设与党的创新理论武装同步推进，全面推动习近平新时代中国特色社会主义思想进教材、进课堂、进学生头脑，把社会主义核心价值观贯穿国民教育全过程；四是坚持守正和创新相统一，落实新时代思政课改革创新要求，不断推进加强内容素材创新、话语方式创新、方法手段创新，讲好中国共产党的故事，讲好改革开放的故事，讲好中国特色社会主义的故事，做到润物无声，不断增强思政课的思想性、理论性和亲和力、针对性；五是坚持问题导向和目标导向相结合，注重推动思政课建设内涵式发展，全面提升学生思想政治理论素养，实现知、情、意、行的统一；六是要做到大中小各学段的上下衔接、各学科的横向互补与配合。

三、编写的总体思路

总体上说，新编思想政治课教材是以马克思列宁主义、毛泽东思想、邓小平理论、"三个代表"重要思想、科学发展观、习近平新时代中国特色社会主义思想为指导，全面贯彻新时代党的教育方针，落实立德树人根本任务，以课程标准为依据，突出思想政治关键课程的作用，系统有机融入社会主义核心价值观，充分体现马克思主义中国化最新成果，紧密结合中国特色社会主义伟大实践，贴近学生学习、生活、思想实际，引导学生爱党、爱国、爱社会主义，坚定"四个自信"，形成正确的世界观、人生观、价值观。

首先，教材编写力求贯穿一条主线，即用习近平新时代中国特色社会主义思想铸魂育人。教材的编写必须有利于立足历史视角、国际视野，从理论和实践两个维度，坚持政治性和学理性相统一、价值性和知识性相统一，系统讲述习近平新时代中国特色社会主义思想的核心要义和精神实质，让学生理解中国特色社会主义最本质的特征是中国共产党的领导，中国特色社会主义制度的最大优势是中国共产党的领导，理解为何、如何坚持和发展中国特色社会主义，理解辩证唯物主义和历史唯物主义是认识和改造世界的强大思想武器，从而深刻认识中国共产党为什么能、马克思主义为什么行、中国特色社会主义为什么好。

其次，教材编写力求立场更加鲜明：既阐明正确观点，也批判错误思潮。目前，我国意识形态领域的斗争比较激烈，各种错误观点、偏见误解比较多，对主流意识形态的宣传教育造成一定的干扰。高中思想政治课教材在正面宣讲的基础上，适当增加了一些针对错误思想和偏见误解的批驳和澄清，以便更好地引导学生正确看待形势和问题。如批判了"历史虚无主义""历史终结论""文化复古主义""普世价值""全盘西化论""文明冲突论"，以及"对香港'自治权'的错误认识"等方面的内容。

再次，教材编写力求结构设计更加合理。教材编写按照课程标准的要求，整体构建、分块安排教材内容。必修 4 册教材采取总分方式，《中国特色社会主义》是关于中国特色社会主义思想的总览和基础，目的是让学生对中国特色社会主义的形成和发展有总体的了解；《经济与社会》《政治与法治》《哲学与文化》则分领域进行深入阐释，让学生具体理解如何坚持和发展中国特色社会主义。选择性必修课的 3 册教材则重在培养学生用全球视野认识人类社会发展大势，用法律手段处理日常问题，用科学思维探索、认识世界，从而增强国际视野、法治意识，掌握马克思主义的方法论。

最后，教材编写力求创新呈现方式。编写者力求增强教材的针对性、可读性，让学生乐于自学、方便学生阅读，让他们通过自己的思考，把教材的要求内化为自己的世界观。编写者坚持理论性和实践性相统一，以学科逻辑体系为框架，注重知识的系统性。同时，根据经济社会发展和高中学生身心发展特点，注重选取与学生生活经验、经历密切相关的案例、材料等，便于学生结合实践理解理论问题、利用理论解决实际困惑，从而把爱国情、强国志、报国行有机统一起来。着力改进教与学的方式，通过活动与正文相互嵌套、问题情境创设、综合探究活动设计等，激发学生的学习兴趣，促进学生合作学习、探究学习，培养创新精神，提高实践能力。

四、编写的结构体例

高中思想政治必修教材包含 4 册教科书：必修 1《中国特色社会主义》4 课，必修 2《经济与社会》2 个单元 4 课，必修 3《政治与法治》、必修 4《哲学与文化》3 个单元 9 课；选择性必修教材包含 3 册，每册 4 个单元。以单元为单位，教材结构包括单元导语、课导语、正文、穿插于正文中的各种栏目、综合探究。必修 1 教材最后设计两个"综合探究"活动，其他各册教材每个单元后面设计一个"综合探究"活动，引导学生围绕议题，通过社会实践活动和思维活动，达成对教材拓展内容的学习。

必修和选择性必修教材共设计58课，每课既有共同的栏目，又有体现本册教材特点的栏目。共同栏目有5种类型：探究与分享、相关链接、专家点评、名词点击、名人名言。

1. 探究与分享。一般由材料、案例和问题构成，主要功能为引发学生合作、探究、思考，导入正文。部分"探究与分享"活动属于"应用型"，引导学生运用正文所学理论、观点、方法，阐明、解决情境问题。这是活动型课程的引导性栏目。

2. 相关链接。提供与正文相关的资料、案例等拓展性材料，目的是拓展学生的视野，增进其联系地看问题的想象力。

3. 专家点评。对正文中重要的观点、理论进行阐释，引导学生多方面、多角度理解教材。

4. 名词点击。对正文中的关键概念、核心概念给出规范性的解释。

5. 名人名言。结合正文观点、理论，引用名人的相关阐述，起到画龙点睛的效果。

另外，部分教材设置了体现本册特点的栏目。例如，必修4设计了"阅读与思考"，引导学生在阅读经典文本、情境材料中，展开思维活动，培养思维能力和品质；选择性必修3设计了"示例评析"，针对疑点、难点提供典型性、生活化实例，引导学生在直观体验中，学会观察和思考，起到举一反三的效果。

五、教材要求的重点学习内容

(一)习近平新时代中国特色社会主义思想

中国特色社会主义进入新时代,思想政治课教育的主要任务就是以习近平新时代中国特色社会主义思想铸魂育人。因此,整套教材采取集中讲述和各册融入的方式,系统讲述习近平新时代中国特色社会主义思想的历史地位和丰富内涵。譬如,必修1第四课专题讲述中国特色社会主义进入新时代、"八个明确"、"十四个坚持"、新时代中国特色社会主义发展的战略安排等内容。后续6册教材从经济、政治、法治、科技、文化、教育、民生、民族、宗教、社会、生态文明、国家安全、国防和军队、"一国两制"和祖国统一、统一战线、外交、党的建设等各方面,进一步阐述习近平新时代中国特色社会主义思想。教材重在引导学生系统、深入掌握习近平新时代中国特色社会主义思想,真学真懂真信真用。

必修1《中国特色社会主义》以中国特色社会主义的选择为主题,以社会形态的历史演进为主线,以培养学生的理想信念为主旨。教材着眼于人类社会的发展历程,立足中国特色社会主义的伟大实践,明确中国特色社会主义是科学社会主义理论逻辑和中国社会发展历史逻辑的辩证统一,中国特色社会主义已进入新时代,帮助学生树立为共产主义远大理想和中国特色社会主义共同理想而奋斗的信念。

必修 2《经济与社会》以发展中国特色社会主义经济为主题，以经济体制改革为主线，以树立新发展理念为主旨。教材依据习近平新时代中国特色社会主义经济思想的基本原理，讲述我国社会主义基本经济制度，解析社会主义市场经济的基本特征，阐释指导我国经济社会发展的新理念，帮助学生理解全面深化改革的意义，提升在新时代参与社会主义现代化建设的能力。

必修 3《政治与法治》以发展中国特色社会主义政治为主题，以三者统一为主线，以坚定政治立场和方向为主旨。教材以党的领导、人民当家作主、依法治国、有机统一为主线，讲述党的领导是人民当家作主和依法治国的根本保证，人民当家作主是社会主义民主政治的本质特征，依法治国是党领导人民治理国家的基本方式，奠定学生的政治立场与法治思维的基础。

如果说，必修 1—3 是以中国特色社会主义道路自信、理论自信、制度自信为主，那么，必修 4《哲学与文化》则是以中国特色社会主义理论自信、文化自信为主要目标。

(二)法治教育

必修 3《政治与法治》着重讲述全面推进依法治国的总目标是建设中国特色社会主义法治体系，建设社会主义法治国家，阐明建设法治国家、法治政府、法治社会的意义。

选择性必修 2《法律与生活》介绍与学生日常生活和个人发展密切关联的民法总则，以及合同法、婚姻法、劳动法、诉讼法等与婚姻家庭、就业创业、社会争议解决等相关的法律法规，讲述我国民法的基本原则和民事权利与义务，培养学生正确的婚姻家庭观念，引导学生提高自觉用法的能力，依法维护自己的合法权益，懂得人民权益要靠法律保障，法律权威要靠人民维护，努力成为社会主义法治的忠实崇尚者、自觉遵守者、坚定捍卫者。

(三)总体国家安全观教育

总体国家安全观包括政治安全、国土安全、军事安全、经济安全、文化安全、生态安全等诸多方面。整套教材对学生进行马克思主义基本原理、习近平新时代中国特色社会主义思想教育，培养政治认同、科学精神、文化自信等，整体强化总体国家安全观教育。

选择性必修1《当代国际政治与经济》设计了综合探究"国家安全与核心利益"，通过阐释"坚定制度自信""政治制度不能照搬"等议题，讲述总体国家安全观的内容、表现、意义，重点阐述国家政治制度安全，培养学生总体国家安全观意识。

(四)中华优秀传统文化和革命传统教育

整套教材采取系统阐述、重点突出、形式多样的方式讲述中华优秀传统文化。其中，必修4《哲学与文化》第八课系统讲述中华传统文化的起源、基本内容、发展历程、特点、当代价值等，重点介绍了中华优秀传统文化中的代表人物的核心观点、重要思想等，并采取名人名言、经典故事等形式，引导学生打好中国底色，坚定文化自信。

整套教材采取融入的方式，讲述革命英雄人物的名言、事迹，例如介绍毛泽东、周恩来等革命领袖，李大钊、董必武、刘胡兰、董存瑞等革命英雄人物及其革命事迹。必修4《哲学与文化》集中阐述革命文化，讲述中国共产党团结带领全国各族人民创造的革命精神如红船精神、长征精神、延安精神、雷锋精神等，目的是引导学生在阅读、思考中感悟和理解成千上万的革命先烈、革命前辈前仆后继、英勇奋斗的英雄事迹和革命精神，坚定理想信念，培养爱国主义情怀，养成艰苦奋斗等高尚品质。

(五)辩证唯物主义和历史唯物主义的世界观、方法论教育

必修4《哲学与文化》以马克思主义哲学为主题，以实践的、历史的、辩证的、发展的四大观点为主线，以树立科学的世界观、人生观、价值观为主旨。教材力求阐明马克思主义哲学是科学的世界观和方法论，讲述辩证唯物主义和历史唯物主义基本观点，坚持实践的观点、历史的观点、辩证的观点、发展的观点，在实践中认识真理、检验真理、发展真理；讲述社会生活及个人成长中价值判断、行为选择和文化自信的意义；为培育学生的思想政治素养，奠定世界观、人生观和价值观打基础。

模块3《逻辑与思维》通过科学思维的训练，引导学生掌握科学思维的基本要求，把握遵循逻辑思维和辩证思维的方法，提高创新思维能力，学会运用科学思维探索世界、认识世界，提高分析问题、解决问题的能力。

六、教材呈现的基本特点

编写好思想政治课教材，要及时呼应党和国家对思想政治课程及教材建设提出的新要求，充分贯彻落实新时代党的教育方针，体现思想政治课程学科核心素养的培养旨趣，尝试进行活动型课程的构建，纳入议题式教学的设计理念。上好思想政治课重要的是帮助学生确立正确的政治立场和思想意识而不是死记硬背概念。因此，思想政治课程和教材、教学要成为主课堂，即进行社会主义核心价值观、中华优秀传统文化、革命文化及中国特色社会主义先进文化以及中国特色社会主义道路自信、理论自信、制度自信、文化自信的教育；它的目标是发挥思想政治教育铸魂育人的功能，这就要处理好知识性与思想性的关系，关键是政治方向引领政治立场、国家意志、思想意识、民族情怀；形式上要有利于教书育人。因此教材编写要力求以鲜活的案例展开经济、政治、文化、社会、法治的内容，努力避免说教化、成人化形态。

(一)为了达到充分实现与党的重大理论创新同步推进，教材就必须及时贯彻落实新时代党的教育方针，做到与党和国家的事业发展同步推进

在新时代，呼应党和国家对思想政治教育的新要求，就必须做到九个坚持：教材的编写要反映坚持党对教育事业的全面领导；坚持把立德树人作为根本任务，以培养德智体美劳全面发展的社会主义建设者和接班人为目标；坚持优先发展教育事业，充分理解教育塑造未来的功能与价值；坚持社会主义办学方向，为中国特色社会主义事业服务；坚持扎根中国大地办教育，致力于让学生把爱国情、强国志、报国行自觉融入中国特色社会主义现代化建设中去；坚持以人民为中心发展教育，培养学生为人民服务的宗旨；坚持深化教育改革创新，有利于教育理念和教学方法的转变；坚持把服务中华民族伟大复兴作为教育的重要使命，着眼于培养堪当民族复兴大任的时代新人；坚持把教师队伍建设作为基础工作，即在教材编写中充分反映一线教师的经验和呼声。

　　新时代党的教育方针的内涵有了新的丰富和深化。在全国教育大会上，习近平总书记将原来"四育并举"（德、智、体、美）的提法上升为"五育并举"（德、智、体、美、劳），赋予了全面发展新的内涵。为了反映党的教育方针在新时代的拓展和深化，新教材充分注意了对劳动教育、美的教育等方面与思想政治教育的相互支撑。譬如，在必修2《经济与社会》中，专门设计了"弘扬劳动精神与投身创新创业"的综合探究活动。选择性必修2《法律与生活》的第三单元也强调："劳动是财富的源泉，也是幸福的源泉。"

(二)编写好思想政治教材，就要充分体现思想政治课程学科核心素养的培养旨趣

在培养思想政治学科核心素养的要求上，有一个理解学科核心素养与过去"知识与能力，过程与方法，情感、态度、价值观"三维目标之间的关系问题。学科核心素养不是对过去三维目标的否定，而是对过去三维目标的发展与达成。学科核心素养依然着眼于三维目标，但通过三个思路进行整合，以便有利于三维目标的整体性达成。学科核心素养的概念希望通过三个路径实现素养的整体性达成：一是通过活动即实践活动、思维活动进行整合；二是通过情境化学习过程进行整合；三是通过过程性评价进行整合。如果不是整体性达成，教学评价往往容易滑向知识的记忆。把"活动""过程"和"评价"作为通往目标的路径，而不是只讲知识"内容"和记忆"结果"；学生获得的是素养，而不只是死记硬背的概念和命题"记忆"。

教材编写应该是基于学科核心素养要求的课程教材设计。学科核心素养有三个方面：正确的价值取向、必备的品格、关键的学科能力。这些素养是作为学生学习成效整体性体现出来的，因此不能仅仅考察其中的某一个方面。我们无论是学习、讨论还是评价都是针对学生的整体素养，而不是分开来看的知识、能力、价值观等。这次课程标准和教材都力图把学科核心素养的理念贯彻到教材要求的目标、结构、内容、实施和评价等方面。

思想政治的学科核心素养不是理念在先，不是拍脑袋拍出来的。这些素养是以社会发展的时代要求和实际生活的需要为基础提出来的，而且这些素养必须以一定的学科知识和训练为支撑才能形成。思想政治学科核心素养包括"政治认同""科学精神""法治意识""公共参与"。这些素养都是思想政治课程铸魂育人追求的目标，只有这样才能做到贯彻立德树人根本任务，培养德智体美劳全面发展的社会主义建设者和接班人。

凝练学科核心素养的意义在于，有了这些学科核心素养，我们就有了贯彻党的教育方针、落实立德树人根本任务的比较具体的抓手和工具，就更加容易建构与社会实践相联系的活动型思想政治学科的课程目标。学生发展核心素养是党的教育方针的具体化、细化，是介于党的教育方针、落实立德树人根本任务与具体课程内容目标之间的中观概念。基于学科本质凝练的学科核心素养，是对学生"知识与技能、过程与方法、情感态度与价值观"三维目标进行整合并进而呈现课程目标的新模式。学科核心素养作为课程目标的达成，就是思想政治学科核心素养在学生身上的表现：每个素养要素都是知识与技能、过程与方法、情感态度与价值观三维目标的整合。既坚持了表达课程目标要着眼三个维度，又强调了"三维目标"之间密不可分的关系。凸显了核心素养的意义和价值，促进了从"三维并举"到"三维一体"的变化发展，既是对"三维目标"一脉相承的继承，也是与时俱进的拓展与开新。

(三)尝试进行活动型课程的构建

本学科提倡构建、开展活动型课程，既体现其作为教学依据的意义，又积极发掘其引领教学活动的功能，着力反映活动型学科课程实施的特点。如关注学科内容与活动设计的融合，议题的设置与展开，课堂教学与社会活动的对接等，通过知识和活动体验，让学生获得正确的价值观、政治判断力及其社会参与能力。

如何理解活动型学科课程呢？所谓活动型学科课程，就是学科课程的内容采取活动设计的方式呈现，包括社会活动，被称为"课程内容活动化"，或者说学科内容的课程方式就是一系列活动及其结构化设计，也叫作"活动设计内容化"。本套教材坚持从"探究与分享"的栏目切入，并且在每个单元设计"综合探究"就是为了实现课程标准提出的"活动型"课程的理念。

为什么要构建活动型学科课程？一是我们是着眼于课程实施的方式。它既秉持"活动课程"尊重学生主体地位的理念，包括学生的经验、学生的关切、学生自主选择的权利、学生自行建构知识的过程，等等，又具有"学科课程"以学科内容为基础的理念追求，包括"学科观念、思维模式和探究技能结构化的学科知识和技能"，等等。二是要着眼于课程类型的划分。它本质上仍然归属学科课程。因为课程类型的划分仍取决于特定学科内容，而不是活动经验。也就是说学科内容是确定的，活动安排是不确定的，这样做的目的是促进学生达到与生活世界的对接、真实素养和能力的养成。三是要着眼于议题式教学的设计理念。所谓"议题"，既包含课程的具体内容，又展示价值判断的基本观点；既具有整合性、开放性、思辨性、引领性，又体现教学重点，针对学习难点。

（四）新教材的编写很好地遵循了课程标准的要求，体现了课程标准的理念

本套教材力求表达课程改革的追求，反映高中阶段学生的特点，体现德育课程的本质。例如，编排方式符合教学流程，有利于学习、思考、探究、评价等方面的要求。倡导情境化教学：考虑城乡差异和地区差异，充分发掘和利用中国历史传统和革命传统资源，采用有教育意义的时事内容，广泛吸纳世界文明成果，使之既有深厚的历史底蕴，又具鲜明的时代特点；素材的选择与运用贴近学生生活，反映当代社会进步的新发展和科技发展的新成果。有利于教师进行创造性的教学，有益于学生潜能的发挥，满足不同类型学生发展的需求。

教材已经编写出来了，但真正实现思想政治课程的价值，即上好思想政治课的关键却在一线教师。用好教材的关键在于发挥教师的积极性、主动性、创造性，依据教材的框架，结合更加鲜活的材料，讲好中国共产党的故事、中国特色社会主义的故事、中华民族的故事，给学生的心灵埋下真善美的种子，引导学生扣好人生第一粒扣子。这就要求思想政治课教师要以政治要强、情怀要深、思维要新、视野要广、自律要严、人格要正的要求，以"八个相统一"为原则，努力上好每堂课，以自己堂堂正正的人格和扎实的学识感染学生、赢得学生，用真理的力量感召学生，以深厚的理论功底博得学生的认同，自觉做为学为人的表率，做让学生喜爱的人，以自己的灵魂激活孩子们的灵魂，以自己的思想点燃孩子们的思想，以自己的精神引导孩子们的精神。

总之，思想政治教育工作者更要做课程改革的推进者，教育与社会是相互塑造的。社会在高速发展，思想政治教育也不能落后于社会发展的步伐。教育必须具有前瞻性才能培养出适应未来社会发展的人才，从而引领社会发展。我们必须让学生理解：中国特色社会主义制度和国家治理体系是植根于中国大地、具有深厚中华文化根基、深得人民拥护的制度和治理体系，是具有强大生命力和巨大优越性的制度和治理体系。我们必须培养比我们这一代人更加优秀的新一代，才能让他们成为堪当民族复兴大任的时代新人。

第四讲

推进大中小学德育一体化进程
的理念与思路

2019 年 3 月，习近平总书记在学校思想政治理论课教师座谈会上提出了"要把统筹推进大中小学思政课一体化建设作为一项重要工程，推动思政课建设内涵式发展"的要求，明确指出"在大中小学循序渐进、螺旋上升地开设思想政治理论课非常必要，是培养一代又一代社会主义建设者和接班人的重要保障"。习近平总书记从国家发展和民族复兴的战略高度，全面系统地论述了作为立德树人关键课程的思想政治理论课的功能与意义，为我们在大中小学德育一体化思路下开展思想政治教育指明了前进方向，提供了根本遵循。

在贯彻党的教育方针、培养德智体美劳全面发展的社会主义建设者和接班人的过程中，思想政治教育发挥了不可替代的作用。随着改革开放和中国特色社会主义事业的发展，思想政治教育也不断紧跟时代步伐，与时俱进地走在时代前列，近些年来一直在朝一体化的方向努力，在教育内容主题、教学方法上的一体化建设方面也取得了相当大的成绩。但是，由于管理机制、教育理念和实现路径等方面的问题，大中小学德育课程内容一体化设计、不同学段的衔接、不同课程的配合，依然存在许多有待解决的问题。例如，大中小学思政课课程体系和课程内容的分工衔接思路仍需进一步清晰明确；大中小学思政课的课程与教材在内容的循序渐进、螺旋上升方面，还有很大的改进和完善的空间；相关基础理论研究还有待加强，尤其是德育一体化思路下思政课教材建设和不同学段的教育教学理论研究还需深入开展。因此，大中小学德育一体化涉及思想政治教育的内容设计、课程的管理、不同学段和不同课程之间在教学上的相互配合等方面的问题，需要我们系统地加以梳理、研究，逐步加以解决。

一、强化各部门协同联动配合，做好顶层设计

推进大中小学德育一体化进程，在国家层面上要强化教育管理部门和其他各部门之间的协同、联动与配合，以便做好顶层设计，统筹推进大中小学思政课一体化建设，提升各级各类学校的思想政治教育课程建设和教育教学水平，使思想政治教

育更加有实效。2017 年国家成立了国家教材委员会，统筹大中小学各级各类学校的教材建设，这对德育工作一体化建设和德育教材一体化设计提供了有效的机制，也为强化各部门协同配合，形成良好的协作格局创造了有利条件。各部门应该强化大中小学德育一体化、思想政治教育一盘棋的理念，在国家教材委员会的统一部署下开展工作，在课程内容设计、教材编写与审核等方面体现顶层设计的整体性效应。

此外，针对如何建立不同学段教学的相互衔接、相互配合的管理体系等问题，一些省市已经开始着手探索解决。例如，上海市已经把教育管理部门的德育处的功能加以整合，其管辖范围涵盖学校德育的所有学段（大中小幼）、所有类型（义务教育、特殊教育、普通高中、中等职业学校、普通高等院校和职业院校），大中小学德育工作的一体化互动与配合明显增强。

二、在课程内容设计中贯彻大中小学德育一体化理念

要在德育课程内容设计、教材编写与审核过程中，贯彻大中小学德育一体化的理念与思路，真正做到循序渐进、循环上升，在学段上呈现阶梯式的步步高、步步深。

思政课内容应该进行一体化设计，思政课与其他专业课程的分工合作应该有结构性的顶层设计。但是，现实中不同学段、不同类型学校思想政治教育之间的内容设计仍然缺乏有效的一体化设计。这主要是因为缺乏一体化构建与推进的工作机制。

无论是国家课程标准的研制，还是思想政治类教材的编写，都需要分成不同的研制组或编写队伍：一是由于每个专家都学有专攻，不可能精通所有学科知识；二是专家对不同学段的教育熟悉程度不同，有的熟悉基础教育，有的熟悉高等教育，有的熟悉职业教育，还有的熟悉特殊教育；三是专家代表性问题，组织研制和编写队伍，需要考虑人员在全国范围内的代表性。

当前，从大中小学德育一体化的要求看，需要建立不同学段、不同类型学校思政课标准研制组和教材编写组之间密切的协调沟通制度，从制度和规范上加强不同研制组和编写组之间的联系，形成良好的互动机制，让不同学段、不同类型学校的德育课程研制与教材的编写人员能够更好地了解其他学段、其他专业课程的内容与边界，更加准确地思考和把握本学段、本专业课程的内容与教材呈现方式。

三、建立大中小学思政课教师联系沟通机制

习近平总书记强调指出："办好思想政治理论课关键在教师，关键在发挥教师的积极性、主动性、创造性。思政课教师，要给学生心灵埋下真善美的种子，引导学生扣好人生第一粒扣子。"思政课教师在推进大中小学德育一体化进程中发挥着重要的作用，因此我们要在机制上解决大中小学德育课教师之间缺乏联系的问题，促进大中小学思政课教师之间的相互学习和相互了解，建立思想政治教育共同体。

在以往的德育体系中，大中小学教师之间缺乏长期、稳定、有效的联系机制，互相之间缺少沟通。要破解这一问题，可以从以下几个方面入手：一是教育管理部门要多创设某些机制，增加不同学段、不同类型学校思政课教师之间共同学习、相互了解、分享经验的培训和观摩交流机会。二是不同学段、不同类型学校应该主动加强与上下左右之间的联动，所谓上下就是上下学段，所谓左右就是思想政治教育内部不同学科以及其他专业课程教师之间的交流。三是以思想政治教育重点示范基地或著名专家为依托，逐渐有序开展大中小学思政课教师集体备课的活动。在这一过程中，高等院校的马克思主义学院要主动承担起这个责任，这是因为与中小学相比，高校的马克思主义学院特别是全国重点马克思主义学院有开展工作的人力资源和客观条件。四是有条件的地方可以试点大学与基础教育教师之间的交流；也可以尝试以挂职工作的形式加强大中小学思政课教师联系沟通，如中小学教师到高校马克思主义学院挂职助教，边学习边工作，高校教师也可以到中小学挂职任课教师，亲身了解不同学段思想政治教育的内容与边界，更加精准把握教育规律和话语方式。

四、加强大中小学德育一体化建设的基础理论研究

在大中小学德育一体化思路下开展思想政治教育，要在基础理论研究上下功夫，把握思想政治教育的规律，提高思想政

治教育的实效性。

科学研究的学术支撑对于推进大中小学德育一体化进程意义重大。例如，教材的编写必须研究如何把理论资源转化为教材资源、教学资源，如何把文件语言转化为教材语言、教学语言；在与党和国家重大理论和实践创新的同步推进中，准确把握基本政策与临时性政策的界限，以保持课程和教材的稳定性和科学性。此外，选取编写、审核专家时，如何让学科专家更多地学习和理解教育方面的知识和规律，以及如何让教育专家把握党和国家的重大理论和实践问题，都需要基于研究来解决。

第五讲

推进德育一体化的时代背景、内涵要求与实践进路

教育和社会相互塑造。一方面社会发展必定给教育提出新的要求，另一方面教育也前瞻性地为社会培养人才而形塑未来。因此，对于一个民族、一个国家而言，教育都是具有战略意义的事业。中国特色社会主义进入新时代，面对错综复杂、风云变幻的国际形势，必须从战略高度思考教育问题，培养社会主义事业建设者和接班人，以应对百年未有之大变局，实现中华民族伟大复兴。

一、推进大中小德育一体化的时代背景

当今中国，正处于世界百年未有之大变局、实现中华民族伟大复兴关键时期，国际国内背景共同向教育提出新的时代课

题：培养堪当民族复兴大任的时代新人。思想政治学科作为立德树人关键课程，必须要回答"时代之问"，担负铸魂育人重任。

培养堪当民族复兴大任的时代新人，是中国特色社会主义进入新时代的要求。中国特色社会主义进入新时代，意味着近代以来久经磨难的中华民族迎来了由站起来到富起来到强起来的伟大飞跃，其背后的发展逻辑也大致经历了"跟跑""并跑""领跑"三个阶段。毋庸置疑，"跟跑"可以避免少走弯路，但当进入到"并跑"和"领跑"阶段，就主要须依靠自身力量，这就需要教育来培养具有探索精神的创新型人才。习近平总书记指出，实现民族复兴不是轻轻松松、敲锣打鼓能够实现的，需要靠持续的奋斗。无论是应对世界百年未有之大变局，还是要建成社会主义现代化强国，都需要未来的年轻人来担当大任。中华民族伟大复兴，只有作为一个自主且开放的创新型民族才能复兴，因此我们必须培养与我们相比更加优秀的新一代，才能完成民族复兴的伟大梦想。

培养堪当民族复兴大任的时代新人，也是新科学技术革命及知识演进和培养创新人才的要求。人类社会经历了自然经济时代（农业）—大机器生产时代（工业）—信息化时代（知识经济）的形态演进，相应地，人类知识也历经了经验形态知识—原理形态知识—信息技术介入下交叠知识形态的递进与嬗变。在知识经济时代，创新的意义凸显出来。我们需要坚定民族自信心，明白西方并不是天生一直处于领先地位。当各民族尚停留在经验形态的知识时，中国也曾一度领先。到了工业革命时期，西方借助航海的优势，发展了作为原理形态知识的现代科学，从而推动欧洲走在历史的前列，正如英美两国的霸权塑造了当今的英语世界版图。可见，民族的落后首先是知识的落后，我们必须要培养知识的"领跑者"。现时代，在信息技术的平台上，可以进行大规模复杂数据的处理，因而出现了知识交叉与综合的"大科学"，进入普遍知识和特殊知识、世界知识和地方性知识交叠的时代，这给我们创造了良好的发展机会。我们要把握时代机遇，加强基础理论研究，突破"学徒"状态，培养创新人才，实现突破性飞跃与发展。

培养堪当民族复兴大任的时代新人，还是适应当今世界国际竞争的要求。当今西方之所以能够站在人类社会"食物链"的顶端，主要是依靠技术霸权来实现的。中美贸易摩擦不是单纯出口数量的差异，也并不仅仅是意识形态的差别，其实质在于何者掌握产业链的主导权，本质上是物质利益的冲突，说到底是大国博弈的结果。中国迅速发展给美国带来的结构性压力是导致中美冲突的根本原因。近段时间以来，美国把中国作为最大的潜在威胁并在各个领域进行限制打压，也警示我们国际竞争的紧迫与残酷，必须重视培养堪当民族复兴大任的建设者和接班人。

就此而言，思想政治教育的大中小一体化不仅是具体课程教学各学段上的一体化，更是整个思想政治教育围绕培养什么人、怎样培养人和为谁培养人的一体性问题的综合设计。如果其他课程主要是培养学科人才的话，那么思想政治课就是塑造国民共性的关键课程，也是难度更大的课程。占世界五分之一人口的中国，亿万民众一旦组织起来就是不可阻挡的磅礴力量，因此国民共性——认同问题关乎国家安全和民族安全。习近平总书记强调，要从维护意识形态安全、培养社会主义建设者和接班人的高度来抓好思想政治课。这不仅关乎旗帜与道路、国家政治安全与人心向背，更关乎民族的未来。

二、推进大中小德育一体化的内涵要求

人是精神性动物，人通过实践行动依据思想的构划重新安排世界，这就凸显了思想教育的重要性。中国特色社会主义进入新时代，面对错综复杂、风云变幻的国际形势，必须从战略高度思考思想政治教育问题和教材问题，培养出社会主义事业合格建设者和可靠接班人，以应对百年未有之大变局，实现中华民族伟大复兴。

首先，整体规划思想政治教育课程。思政课教育着重培养的是共性意识，需要一体化统筹和整体规划。要把统筹推进大中小思想政治课一体化作为一项重要工程，坚持大中小学纵向贯穿、循序渐进，各类课程横向配合，使课程体系结构合理、功能互补，确保课程建设的政治性、科学性、时代性。具体而言：

一要整体规划思想政治课程目标。小学阶段重在启蒙道德情感，引导学生形成爱党、爱国、爱社会主义、爱人民、爱集体的情感，具备做社会主义建设者和接班人的美好愿望；初中阶段重在打牢思想基础，引导学生把党、祖国、人民装在心中，强化争做社会主义建设者和接班人的思想意识；高中阶段重在提升政治素养，引导学生衷心拥护党的领导和中国特色社会主义制度，形成做社会主义建设者和接班人的政治认同；大学阶段重在增强使命担当，引导学生矢志不渝听党话跟党走，争做社会主义合格建设者和可靠接班人。

二要统筹推进思想政治课程内容。第一，坚持用习近平新时代中国特色社会主义思想铸魂育人，以政治认同、家国情怀、道德修养、法治意识、文化素养为重点，以爱党、爱国、爱社会主义、爱人民、爱集体为主线，坚持爱国和爱党、爱社会主义相统一。第二，系统开展马克思主义理论教育，系统进行中国特色社会主义和中国梦教育、社会主义核心价值观教育、法治教育、劳动教育、心理健康教育、中华优秀传统文化教育。第三，遵循学生认知规律设计课程内容，体现不同学段特点。

其次，完善教材建设体系。教材是国家事权。在经济全球化时代，中国要培养认同自己国家、认同自己文化的可靠接班人和合格建设者。教育具有塑造未来的功能，教材是规范教育的最主要遵循，因此教材必须体现国家意志。当前我国的中小学教材建设，尤其是三科教材建设坚持由国家统一编审和使用，避免各省(市、区)各行其是，是塑造具有共同理想、共同信念的可靠社会主义接班人和合格建设者的重要保证。目前，影响大中小学思政课一体化的因素主要涉及以下四个方面：第一，大中小学思想政治理论课课程体系，包括大学阶段高职高专、本、硕、博阶段课程体系的区分度和衔接思路还不够清晰、不够明确，譬如高职的思想政治理论课与普通高校相比只是少两门课，而不是反映同样理论课程的职业特点。第二，各学段甚至同一学段中，不同德育课程在教材内容上仍然存在着简单重复的问题，包括思想政治理论课与其他学科课程教材内容的重复问题。第三，大中小学德育课程教材部分内容存在逻辑展开顺序的问题，在循序渐进、螺旋上升方面还有很大的改进余地。第四，德育一体化思路下思想政治理论课教材建设的理论研究不足，如教材编写中基本理论的"硬核"与不断变化的"政策"关系问题比较模糊，从而影响与党的创新理论进程的同步推进，影响新时代中国特色社会主义思想进教材的时效性。

德育课程是培养国家认同、文化认同、价值观认同的，因此必须在教育过程中尽可能消弭差异性，超越多样性，以便塑造公民同一性、共同性和"我们感"。德育过程是塑造"我们"，不是制造"他者"。因此，在规划教材的过程中要注意：

第一，制定统一的课程标准。教育的环境多种多样，但只要有统一的课程标准和教材，教育就有了体现国家意志的统一框架。中国幅员辽阔，从冰天雪地的北国到四季炎热的南海之滨，从沿海东部平原到西部高原地带，生产、生活方式有差异，文化上也有各自的特色。如果让各省（市、区）分头编写自己的德育教材，很容易会因环境的不同而出现多样化的理解。多样化就是差异化，差异发展到一定程度就会影响到文化认同、价值观认同，甚至危及国家认同。

第二，注重教育环境的差异性与发展性。教育所处的时代是不断发展变化的，国家必须根据时代要求对教育内容进行富有时代性的调整，而这种调整又必须保持内部的同一性和步调的一致性。当前我国区域发展不平衡仍然存在，有城乡差别、东西差别、发展阶段的差别等。如果各自按照自己对时代的理解去编写教材，那么不同地区的青少年就无法享受同样符合时代水准的教育。发展水平不同、地域不同的青少年应该享受基本同样水准的教育。无论时代如何变化，只要国家的课程标准和教材反映了时代脉搏和时代要求，各地的教育就能够在同样的时代水准上进行。

第三，教师基础素质的塑造。教师的思想意识、知识水平和个性千差万别，必须有统一的教材作为德育的基本遵循，才能保持塑造国家认同、文化认同、价值观认同的基本框架。如果没有统一的德育教材，任由教师根据自己的想法去进行教育，我们就无法很好地完成代际的文化传承、核心价值观以及道德范式的承续与有序变迁，民族就不可能有共同的理想和价值观，也就无法形成共同的精神世界。

三、推进大中小德育一体化的实践进路

首先，要建立能够进行统筹协调、顶层设计的工作机制。过去德育课程和教材体系有机衔接不够，很多是机制造成的。譬如，大学与基础教育之间沟通联动的渠道不畅通，基础教育不同阶段之间的沟通联动也不充分，甚至在义务教育阶段1～9年级就由三个不同的研制组分头研制小学低年级(1～2年级)《品德与生活》、小学高年级(3～6年级)《品德与社会》和初中(7～9年级)《思想品德》的课程标准。

其次，要通盘考虑大中小学德育课程和教材的内容及其呈现方式。大中小学各学段思想政治理论课要坚持以习近平新时代中国特色社会主义思想铸魂育人，在新时代更好地贯彻党的教育方针，发挥好落实立德树人根本任务关键课程的作用。同时，必须遵循人才成长和教育规律，把编写思想政治理论课教材当作具有学术深度、广度的专业性工作，把理论问题转化为教育问题，把文件语言转化为教材话语。

再次，要基于立德树人根本任务，通盘考虑思想政治理论课与其他专业课的分工与合作关系。这就需要各级各类学校必须整体推进高等学校课程思政和中小学学科德育，使丰富多彩的课程思政与作为德育主渠道的思想政治理论课程相辅相成。一方面，要深度挖掘高等学校不同学科门类专业课程和中小学语文、历史、地理、艺术、体育、综合实践等课程所蕴含的思

想政治教育资源；另一方面也不能简单重复，造成相互影响、相互掣肘。要按照显性与隐性相统一的原则，解决好各类专业课程与思想政治理论课有机配合的问题，课程思政不是要取代思政课程的内容，而是根据不同的学科特点发挥所有课程的教化作用和育人功能，构建系统全面、类型多样、有序递进、互相支撑的课程体系，使各类专业课程与思想政治理论课同向同行，形成所有课程的协同效应。

从次，建立健全大中小学不同学段思想政治理论课教师一体化备课和相互交流研修的机制。一方面，建立健全大中小学思想政治理论课教师一体化备课的示范性机制，让不同学段的教师能够相互学习、相互启迪；另一方面，切实推动各级各类学校普遍实行思想政治理论课教师集体备课制度，在共同研讨中全面提升大中小一体化教研水平。

最后，要做到标准的研制、教材的编写、审核与编辑人员之间的有机配合。思想政治理论课程意识形态性质最为明显，因而就有一个如何把政治话语转化为教育教材话语的问题。习近平总书记要求我们一定要做好转化工作，把文件语言转化为教材语言，把教材语言转化为课堂语言。目前，我们在这方面还存在一些障碍。除了要求编写者要具备转化意识与能力，也有一个对编辑和审核者的要求问题。如果编辑和审核专家一味以简单的文件话语作为尺度，不允许教材有任何基于教育规律和语境进行的言语变化和有机设计，这很容易导致不同学段教材的简单重复。因此，国家对编写人员和审查专家都要进行培训，一方面对教育专家进行政治培训，让他们理解马克思主义中国化最新成果的精髓；另一方面对政治理论专家进行教育和教材语言的培训，让他们理解不按教育规律办事，往往是事倍功半，有时甚至还会起反作用。

大中小德育有着共同的育人目标，在精神实质上必须保持一致性、一体化。需要基于大中小学生年龄差别，遵循学生成长和育人规律，优化设计、循序渐进、有机展开。基于不同的知识水平，大中小德育教材体系必须有不同的呈现方式、路径，但在精神内涵和价值取向上必须是统一的，需要做到不同学段有机衔接、不同学科相互配合。

第六讲

核心素养与活动型课程：
德育课程的发展趋势
——从本轮思想政治课程标准修订看德育课程的发展趋势

　　德育课程的一个重要问题就是衔接与内容的重复问题，这不仅仅涉及基础教育，包括大学也存在这一问题。由于德育的特殊性，解决好这个问题并不容易。在教育部组织的高中课程标准修订工作中，本人受命担任高中政治课程课标修订组组长，开展高中思想政治课课程标准的修订工作。修订的核心问题就是基于学科核心素养的课程构建。核心素养不在于知道什么知识，而在于能灵活地创造性地运用知识，并且运用这一知识解决问题，是实际解决问题能力的表现。基于本轮思想政治课课程标准修订，我就德育课程发展的基本趋势谈谈自己的一些思考。

一、新一轮课程改革的背景

(一)中国社会的转型与发展：农业经济、工业经济和知识经济

中国用了短短几十年，从一个贫穷落后的农业国，发展到现在，尽管总体来说仍是发展中国家，实际上已经进入到全球中等偏上发达国家行列，迅速实现了社会的转型。为什么中国出现这么多问题，就在于很多人没有理解中国的变化，世界也未必理解中国的变化。中国面临这样一个转型时期，很多学习方式也逐渐从以教为主转向以学为主。

同世界各国的发展一样，中国社会的转型与发展也主要体现在农业经济、工业经济和现代知识经济三个时期，这三个时期具有不同的知识形态。农业经济的知识形态是经验形态，经验形态的知识主要靠岁月积累。为什么过去传统农业社会老人比较有权威，这不仅仅是一个文化问题，实际上是一种知识形态所决定了的一种生活方式。老人经历的岁月成就了他们的知识优势；工业社会是一种标准化生产，此时的知识形态是一种原理式（principal）的形态，也就是一切情况都要符合某一原则标准。正所谓"学会数理化，走遍天下也不怕"，因为到处都用的是同样的原理；知识经济时代是技术介入后的样式创新的时代。知识经济时代实际上是一个差异性创新性的时代，这个时代的创新不同于传统社会的创新，创新本身成为知识驱动社会的主导力量。农业社会尽管也有创新，但是表现不突出，主要还是依据劳动力体力解决问题。工业社会尽管也有创新，但是主要靠大规模生产解决问题。而现代社会，没有创新的事物，就可能被颠覆，这与知识形态本身发生变化有关。

（二）全球化与国际形势的变化

到目前为止，我们仍未适应全球化这个形势。尽管中国也是文明古国，但是过去的中国是在地理相互隔绝情况下的文明古国，从未扮演过全球性角色。从这个意义上而言，中国文化从来没有世界范围内的影响。西班牙首先发现新大陆，初步进入了世界级影响，也就是新旧世界纳入了全球视野中，但是西班牙很快衰落下去。随后是英国的崛起，美国持续的统治地位，这样才形成了盎格鲁—撒克逊文化占主导地位的世界。中国的强盛时期是汉、唐，而汉、唐仍然是在地理隔绝情况下发展起来的。所以说世界强国这个角色，我们从未扮演过。邓小平同志基于当时的国际局势，曾经强调中国需要"韬光养晦"，否则会引来很多麻烦。而当下，中国确实到了有所作为的时候，如果不有所作为，就无法进入这个世界。现在，中国已经是世界第二大经济体，已经从过去的"跟随者"进入了下一个阶段，即"引领者"角色。中国仅仅作为跟随者，包括知识领域在内的各个领域就再也不能发展了。因为中国该跟随的该学习的已经学到了，再想有所发展必须有自己的创新。比如说，为什么我们现在要成立亚投行，因为原来的发展模式、现有的发展体系再也不可能有新的突破了，必须具备自己的建构能力。亚投行就是话语体系的一个制度性安排。什么是最佳的金融标准，不是美国标准，也不是西方标准。如果美国标准或西方标准是最佳标准，就不会有金融危机，就不会有欧元危机了。因此，亚投行行长金立群强调，最佳金融标准应该在西方的金融标准基础上吸收新兴发展中国家的经验，特别是中国的发展经验。这就是说，中国的角色已经从学习者转变为一个引领者，这样才可能有新的突破发展。因此，我们的教育为什么从教变成学，教需要现成的东西，学就是创新，就是培养创新意识。

过去我们是一个人口大国或经济制造业大国，但是要成为强国就必须要有创新性，而创新首先是教育创新。教育优先发展，如果教育没有创新，不可能真正成为一个强国。国家的强大来自产业的创新，而产业的创新来自技术的创新，技术的创新来自知识和理论的创新，而所有这些创新都基于教育的创新。

(三)科学技术与信息技术的挑战

过去我国的科学技术也是不断向西方学习，但是现在已经走到这一阶段，不能只是跟随别人科学技术的发展，要快速发展只能扮演创新性的角色。现在我们的科学技术已经有了快速发展，有人说我们只是论文数量上来了，质量没上来。实际上质量也在上升，引用率已经占到第四位，引用率反映创新性，有量就可能会有质，科研会逐渐发展起来。按照中国现有人口，创新性技术投入的资金已达世界第二位，下一步可以期待有更多的惊喜。而所有这些综合因素集中起来就是传统导向与创新导向的区分。比如，过去曾经是"不听老人言，吃亏在眼前"，现在是年轻人在教老年人怎么用新软件、新技术，这就是未来创新导向的一个表现。我每换一次手机，都得向我的学生或孩子求教。

(四)时代变化对教育的新要求

首先，应对市场经济体制的发展和社会治理现代化的需要，应加强法治教育。中国社会已经从原来的传统社会走出来了。传统社会的自然经济，是以血缘、地缘为纽带组织生产的，都是一村一落的，社会治理依靠熟人社会风俗习惯的评判。现代社会进入了陌生人社会，每个人都是自主且往往也是孤立的个体，不能仅仅依靠熟人的监督和他人的眼光，社会治理应该追求规范的法治。

其次，应对生活方式变化的需要，突出价值观引导的任务。过去是传统导向社会，后辈延续承继父辈生活方式，价值体系就蕴含在这种生活方式之中，具有超稳定性。但是在现代社会变化过程中，传统价值体系有不适应之处，出现了多种价值取向、思想观念。在这样一个价值多样化的社会，组建一个有秩序、整体统一的社会，就需要共同的核心价值观引导。

再次，在全球化和世界文化相互激荡背景下，积极介入弘扬和培育民族精神的工作，强化国家认同和文化认同教育。过去，爱国是纯粹自然感情，现代全球化社会，面对激烈的国力竞争，需要以民族精神铸就爱国魂。认同本是指一致性、稳定性、连续性的，但恰恰是文化不一致、不稳定、断裂的时候人们才意识到认同问题，社会才强调认同问题。20 世纪七八十年代，伴随全球化进程的推进，文化认同问题在西方兴起。也就是遇到不同的人我们才思考自己是谁，我们自己发生变化的时候才思考自己本质上是谁的问题，才思考自己从哪里来到哪里去的问题。

最后，面对科学技术的发展和知识经济的到来，应强化创新思维和能力的教育（核心素养）。怎样理解核心素养呢？我个人认为，所谓核心素养不在于知道什么知识，而在于能否创造性地将知识转化成能力，转化成日常行为表现。

二、修订工作的基本思路与德育课程发展趋势

（一）课程结构与内容的调整

课程结构与内容的调整，从根本上说是基于立德树人，培养能适应现代社会发展、具有高尚的道德素养和有社会责任感的人，立德树人的主渠道就是德育或政治课。我们必须全面地看素养，因为人最基本的素养是身体素养。我们不能脱离身体素养和其他方面的素养谈精神素养。对于人来说，身体即精神，国家发展需要健康的国民素质。因此，课改重视学生身体素养，除体育课程外，其他课程学分都下调了。高中政治从 8 学分调成 6 学分。由原来的"经济生活""政治生活""文化生活""哲学与生活"四门必修课变为"经济与社会""政治与法治""哲学与文化"

三门必修课。此外，课程方案首次把"社会活动"列入政治必修课，并占三分之一学时。为了促进学生个性化发展，培养创新型人才，就要按照学生兴趣，差异化地构造学生知识结构，因此增加了选修课，也为大学选拔人才提供多样化的选择。关于选修课程的初步设想是：选修 1 作为高考内容，只设两门课程，包括"当代国际政治与经济""法律与生活"，以此减轻学生高考负担；选修 2 基本是在校本基础上发展起来的，可以为学生提供多样选择。

（二）从三维目标到核心素养的整合

课程总目标的陈述，依然着眼于"知识与技能""过程与方法""情感态度与价值观"三个维度，但通过两个思路进行整合。一是通过活动即实践活动进行整合；二是通过过程即学习过程进行整合。把"活动"和"过程"作为通往目标的路径，而不只讲"内容"和"结果"，体现了课程改革一以贯之的基本理念，也是走向核心素养的题中应有之义。

具体目标的阐述，以核心素养为框架，即"政治认同""理性精神""法治意识"和"公共参与"四个要素在内容上相互交融、在逻辑上相互依存，构成一个有机的整体。"政治认同"决定着学生成长的方向，是"理性精神""法治意识""公共参与"的共同标识和魂魄；"理性精神"是达成"政治认同"、形成"法治意识"、实现"公共参与"的主观（主体性）要求；"法治意识"是"公共参与"的必要前提；"公共参与"是"法治意识"的必然表现，也是

"政治认同"和"理性精神"的必然结果(行为)。

总的来说，从三维目标到核心素养整合的效果就是：在政治认同方面，培养有立场、有理想的中国公民；在理性精神方面，培养有思想、有理智的中国公民；在法治意识方面，培养有自尊、守规则的中国公民；在公共参与方面，培养有担当、有情怀的中国公民。

(三)从注重社会实践到活动型课程的构建

1. 理念层面。政治课的目标就是立德树人，培养有理想、有道德、有文化、有纪律的社会主义建设者和接班人。基于这样的考虑，主要是加强学生社会实践活动，通过外在体验把主流价值观内化为学生基本价值取向。因此，课程方案首次把"社会活动"列入必修课，并占三分之一学时，这就为把理论知识教学的"讲授型"课程塑造成"活动型"课程提供了前所未有的契机和动力。

2. 操作层面。课程结构的设计，把"内容标准"与"社会活动"整合起来，一并呈现，共同考核。这样，一方面使知识性内容的教学通过活动来实施，另一方面使活动设计承载知识性内容的教学，并使学生的素养通过"社会活动"加以可操作的测评。

教学提示，既包括课堂教学，也包括社会活动；既提示课程内容，又提示活动建议。每项提示都有一个"议题"，并力求采取"问题"的方式呈现基本观点，既整合相关内容，又引导价值判断。这种围绕"议题"展开的活动将贯穿教学全过程，包括引领学生思考问题的路径、运用资料的方法和共同探究的策略，并给学生提供解释各自想法的机会，使内化变成生成过程。

教学方面的建议主要是拓展活动的意义，强调知与行是活动，学而思也是活动，讲问题是活动，提问题也是活动；社会实践是活动，课堂教学也是活动；寻求结果是活动，享受探究过程也是活动。从而使活动成为承载内容目标的基本方式。这一方面解决必修课程结构中"三分之一"（社会活动）和"三分之二"（课程内容）的关系问题，另一方面解决政治课的表现方式问题。

相对于一般意义的"活动课"，由于上述各环节的设计，能够赋予这种"活动型"学科课程更丰富的内涵，力求"课程内容活动化"和"活动设计内容化"。"课程内容活动化"也就是使课程活起来，让学生自己真正学起来、探究起来、思考起来。"活动设计内容化"也就是所有活动要有知识性内容加以支撑，要有文化传统和价值观的引导加以支撑，要有社会责任感和情感加以支撑，从而使这种"活动型"课程的塑造，能够成为本课程这次课标修订的一大亮点。

（四）基于素养水平的学业质量标准的把握

描述素养水平与学业质量标准，其共同点是：衡量的对象是学生的日常社会"行为"，而不单纯是考卷上的"答案"；水平的证据是"表现"，而不是"要求"。

如果核心素养水平的划分是基于素养要素的构成维度揭示

其水准特征，那么学业质量标准的分级更依赖学习方面的任务活动所表现的"学养"加以刻画，与课程内容目标相关联，与高考测试评价相对接。因此，与其说学业质量标准是素养水平的细化，不如说素养水平与学业质量标准是魂与体的关系，倘若"魂不附体"，所谓素养就是无源之水、无本之木。

（五）如何做到"贴近时代、贴近生活、贴近学生"

如果说始终与中央精神保持一致是本课程的"规定动作"，那么对"活动型"课程的追求就是"坚持改革方向、问题导向"的"自选动作"。因为，坚持马克思主义基本观点的教育，应充分反映与时俱进的理论品格。

基于创新理论阐述核心素养，是否有"高大上"之虞？我们认为，这种担心是不必要的。考察过西方中学的人见过西方国家高中生讨论的议题，似乎比我们还要"高大上"，如"人生的意义""民主""自由""人权""责任""自主自立"——这正是他们掌握价值观制高点和话语权的一个支点。

怎样把"高大上"的议题"创造性转化"为"三贴近"的活动，即遵循什么路径、依赖什么方式走向"高大上"的素养。当下，有人认为：避免或免谈这些议题，才是"生活化"的表现，这本身是个误判。其实，搞好"活动"、走好"过程"，"高大上"可以贴近学生的兴趣；搞不好活动，把握不了过程，"小儿科"也会索然无味。

(六)德育课程的发展趋势

德育课程发展趋势核心是立德树人。在课程方面，发展趋势就是把理论知识教学的"讲授型"课程塑造成"活动型"课程；在内容方面，发展趋势就是综合化，不能仅仅单方面强调一门学科。政治课无论必修还是选修目的都是为了培养学生政治认同、理性精神、法治意识、公共参与能力；在过程方面，发展趋势就是开放性，课标只是设定方向，具体课程实施过程可以超越标准教材，吸纳新知；在方法上，发展趋势就是价值引导与自主发展的统一；在评价上，发展趋势主要是测试学生行为表现，即积极适应社会和解决问题的能力。

三、教师怎样应对以核心素养为中心的课程改革

第一，教师应该成为积极主动的学习者（intentional learners）。教育不是仅仅将已有的知识传授给学生，更为重要的是让学生成长为一个会学习的人。因此在教育过程中，教师应以身作则，首先自己要扮演好一个积极主动的学习者角色。

第二，教师应该成为有行动能力的学习者（active learners）。以核心素养为中心的课程是活动型课程，教学效果主要是通过学生活动表现加以测评。学习的关键就在于有无行动能力。如果说教师都没有行动能力，又如何能培养学生的能力。传统教育培养的人不乏"理论上的巨人，行动上的矮子"，做的能力不如说的能力。

第三，教师应该成为有合作能力的学习者（cooperative learners）。现代社会不能只有竞争，更重要的是要有合作。据相关研究数据显示，如果学生仅仅是听课，即使注意力集中，那也仅仅能掌握 10%～20% 的知识；如果教师引导学生积极思考并提出问题，那么学生能掌握 50% 以上的知识；如果让一个小组共同探讨解决问题，那么学生的知识掌握程度会提高到 70% 以上。让学生合作学习、交流探讨，就会放大学生所有的能力，学生分工协作，会在有效的时间里实现更加高效的学习。

第四，教师应该成为有创新能力的学习者（innovative learners）。现代社会是知识信息大爆炸的时代，知识更新换代快，仅仅依靠教师向学生传递知识，是永远无法完成的任务。课程改革要求培养创新型的人才，教师首先自己要树立创新意识，不能仅仅做知识的跟随者，而要立足于世界前沿，做知识的创新者，不断推陈出新，革故鼎新。

第五，教师应该成为有反思能力的学习者（reflective learners）。超越自己需要反思自我的局限性、有限性，针对存在的问题不断改进完善自我。教师之所以有职业倦怠，是不停地重复性教学造成的，缺乏创新意识和自我反思。一个人不断反思、不断改进自己、不断提升自己，实际上也就培养了创新意识。过去，我们往往以为科研探索是大学的事情，实际上中学也应该进行科研探索。在法国的高中，一批具有知识生产、观念生产能力的人在进行教育，教师不仅教哲学，而且许多教师本身就是哲学家。我们的中小学教师也不能只是一个知识传承者角色，应该成为一个有创新能力和反思能力的学习者。

第六，教师应该成为终身学习的学习者（Lifelong learners）。过去，"活到老学到老"是少数精英的理想，现代社会知识更新换代快，"活到老学到老"是一个人能够跟上时代步伐，立足于现代社会的一个基本条件。现代社会职业结构性调整步伐逐步加快，一个人如果不坚持终身学习，终将被时代抛弃，尤其是教师职业要求培养终身学习者，因此自己首先应成为一名终身学习者。

第七讲

如何贯彻落实好《习近平新时代中国特色社会主义思想进课程教材指南》的要求

习近平总书记在庆祝中国共产党成立 100 周年大会上的讲话中指出："未来属于青年，希望寄予青年。……一百年来，在中国共产党的旗帜下，一代代中国青年把青春奋斗融入党和人民事业，成为实现中华民族伟大复兴的先锋力量。新时代的中国青年要以实现中华民族伟大复兴为己任，增强做中国人的志气、骨气、底气，不负时代，不负韶华，不负党和人民的殷切期望！"增强新时代中国青少年做中国人的志气、骨气、底气，就要做好以习近平新时代中国特色社会主义思想铸魂育人的工作，这就需要进一步落实习近平新时代中国特色社会主义思想进教材、进课堂、进学生头脑的要求。近日，国家教材委员会印发了《习近平新时代中国特色社会主义思想进课程教材指南》，在此谨就如何贯彻落实好这一文件的要求进行初步的解读。

一、开展这项工作的总体要求

全面落实习近平新时代中国特色社会主义思想进课程教材，对引导广大青少年奠基马克思主义信仰，坚定中国特色社会主义道路自信、理论自信、制度自信、文化自信，立志听党话、跟党走，厚植爱国主义情怀，形成正确的世界观、人生观、价值观，把爱国情、强国志、报国行自觉融入建设社会主义现代化强国、实现中华民族伟大复兴的奋斗之中，具有重大意义。

习近平新时代中国特色社会主义思想体系严整、逻辑严密、内涵丰富、博大精深，这就要求我们全面准确理解和把握习近平新时代中国特色社会主义思想的精髓，进行体系化凝练，明确学习内容的范畴和学习重点。做好习近平新时代中国特色社会主义思想进课程教材的工作，以下三个方面尤为关键：第一，要明确"进什么"。要着眼于教材能够系统全面地讲述这一思想的主要内容，即讲清楚习近平新时代中国特色社会主义思想的核心要义、理论与实践贡献、思想方法、理论品格和历史地位；第二，要规划好"如何进"。要加强整体设计，做到学段、学科、类型全覆盖，要强化一体化考虑，做到纵向贯穿，学段衔接，学习要求循序渐进、螺旋上升、横向关联、学科配合，学习内容各有侧重，整体上实现对习近平新时代中国特色社会主义思想的全面介绍和系统阐释，全面提升课程教材铸魂育人的功能；第三，要引导"怎么教"。既要指导学生读原文原著，也要关注学生学习与党政干部学习的差异，把握学生学习由具体到抽象、由感性到理性、由现象到本质的认知发展特点，注重讲故事与讲道理相结合、生动案例与抽象概念相结合。

二、进课程进教材的学段要求

不同年龄的学生有不同的认知特点，要真正发挥习近平新时代中国特色社会主义思想进课程教材的铸魂育人成效，就必须依据教育规律推进，这需要我们结合不同学段学生的特点，遵循学生认知规律，统筹安排，系统有效实施。

（一）小学阶段

小学阶段是儿童从家庭走向社会化教育的起始阶段，这一时期，虽然儿童的心智快速发展，但是还远没有发展成熟。在这个阶段，教育方式的一般特征是启蒙引导，所以，习近平新时代中国特色社会主义思想进小学课程教材应该以讲故事和描述性语言为主，运用生动具体、形象直观的方式，注重体验教育，以便在幼小心灵里埋下爱党爱国爱社会主义的种子。例如，可以通过孩子容易懂的图画、卡通进行叙事，以"看到什么""听到什么"的方式，让小学生知道中国共产党是为中国人民谋幸福、为中华民族谋复兴的党，知道中国共产党是中国人民和中华民族的主心骨，知道习近平总书记是全党全国人民的领路人，知道中华民族伟大复兴的奋斗目标，知道只要坚持中国共产党领导我们就能实现这个目标，由此增强小学生的国家认同感，从小立志听党话、跟党走。

(二)初中阶段

从成长阶段上看，初中阶段的学生已经有了一定的知识，理性思维得到发展，但处于青春期，情绪容易波动。一般而言，初中阶段是进行人格教育的重要阶段。在这个阶段，教育方式应该是使学生的感性体验和知识学习相结合，促进他们形成基本的政治判断和政治观点，打牢政治思想基础，确立基本的价值观。习近平新时代中国特色社会主义思想进初中课程教材，应该以具体事实、鲜活案例、生活体验和基本概念为主，引导学生进行初步的理性思考，通过呈现中国共产党带领全国各族人民取得的历史性成就和创造的"两大奇迹"，从"是什么"的角度帮助学生初步理解习近平新时代中国特色社会主义思想的核心要义，增强学生的集体荣誉感、社会责任感、民族自豪感，引导学生热爱党、热爱祖国、热爱人民。

(三)高中阶段

高中阶段，学生的理性认识水平明显提升，这一阶段教育方式的主要特征是结合实际、实践活动进行理论引导，重在实践体认和理论学习相结合，促进理性认同，提升政治素质。在这个阶段，习近平新时代中国特色社会主义思想进课程教材，主要运用观察、辨析、反思和实践等形式，引导学生从"怎么做"的角度理解坚持和发展中国特色社会主义的行动纲领，把握习近平新时代中国特色社会主义思想的精神实质，帮助学生知其言更知其义，从而树立共产主义远大理想和中国特色社会主义共同理想，增强中国特色社会主义道路自信、理论自信、制度自信、文化自信。

(四)大学阶段

大学阶段的学生观察理解社会的能力、理性思维能力、自学能力都比较强，教育应该重在让学生形成理论思维，实现从学理认知到信念生成的转化，增强他们的使命担当。在这个阶段，习近平新时代中国特色社会主义思想进课程教材，应该以系统学习和理论阐释的方式，运用理论与实践、历史与现实相结合的方法，引导学生全面深入地理解习近平新时代中国特色社会主义思想的理论体系、内在逻辑、精神实质和重大意义，理解其蕴含和体现的马克思主义基本立场、观点和方法，增进对这一马克思主义中国化最新成果的科学性系统性把握，提高学习和运用的自觉性，坚定理想信念，增强建设社会主义现代化强国和实现中华民族伟大复兴中国梦的使命感。

(五)研究生阶段

顾名思义，研究生阶段的教育方式重在引导学生自主探索，进行深度研究。在这个阶段，应该结合党和国家重大实践和理论创新问题，引导学生自觉学习、探索，形成宣传、阐释、研究习近平新时代中国特色社会主义思想的素质和能力，做到融会贯通。这一阶段，习近平新时代中国特色社会主义思想进课程教材，应该以专题学习和理论探究的方式，运用学术探索、社会调查和国际比较等方法，引导学生立足当前、着眼未来、放眼全球，以历史发展的眼光，深入思考习近平新时代中国特色社会主义思想的核心要义、价值取向、理论品格和思想方法，使学生真正学深悟透、研机析理，不断提高马克思主义理论水平，自觉运用这一思想武装头脑、指导实践，引导学生自觉运用马克思主义基本立场、观点和方法来分析当代中国的基本国情和世界形势，学、思、用贯通，坚定信心，强化信念，提升素质，自觉投身民族复兴的伟大事业。

为了更好地落实习近平新时代中国特色社会主义思想进课程教材，教育部已经决定单独开设这门课程。从 2021 年秋季学期开始，全国中小学将单独开设"习近平新时代中国特色社会主义思想"课程，以使学生从整体上系统把握这一思想。这门课程将使用 2021 年 7 月由人民出版社、人民教育出版社出版的《习近平新时代中国特色社会主义思想学生读本》作为全国统一教材。目前，整套《习近平新时代中国特色社会主义思想学生读本》已出版四册，即小学低年级版、小学高年级版、初中版、高中版。另外，大学版也即将出版。2021 年 7 月 9 日，教育部召开了《习近平新时代中国特色社会主义思想学生读本》工作座谈会，研究部署《习近平新时代中国特色社会主义思想学生读本》的使用工作。2021年上半年开始，教育部已经组织并将继续组织相关的国家级教师培训和各省市级教师培训。此外，很多高校如北京大学、中国人民大学等已经率先单独开设了"习近平新时代中国特色社会主义思想概论"课程。

三、课程安排要求

对习近平新时代中国特色社会主义思想进课程教材，教育部有通盘考虑，已经编写了各学段的《习近平新时代中国特色社会主义思想学生读本》，这有利于学生整体系统地理解和把握习近平新时代中国特色社会主义思想。除此之外，要让学生真正学深悟透，还要根据不同学科专业特点和学科专业内容，按照系统讲述与分领域分专题阐释相结合的方式，把握好总论与分论、理论与现实、宏观与微观、显性与隐性的关系，做到科学编排，有机融入，系统展开，实现全覆盖。

(一)思政课程

作为落实立德树人根本任务的关键课程，思政课程是落实习近平新时代中国特色社会主义思想进课程教材的主渠道，义务教育阶段的"道德与法治"、普通高中和中等职业学校的"思想政治"、大学的"思想政治理论"课程要按照循序渐进、螺旋上升的原则，集中讲述习近平新时代中国特色社会主义思想。

基于小学阶段启蒙教育的特点，小学"道德与法治"课程教材，要围绕习近平总书记关于培育和践行社会主义核心价值观、道德养成和法治素养的精辟论述，以"习语金句"的呈现方式，引导学生做到"记住要求、心有榜样、从小做起、接受帮助"，扣好人生第一粒扣子。

初中"道德与法治"课程教材，重点安排习近平总书记关于加强党的领导、社会主义文化建设、依法治国、总体国家安全观的重要论述，帮助学生理解习近平新时代中国特色社会主义思想是全党全国人民为实现中华民族伟大复兴而奋斗的行动指南，懂得只有中国特色社会主义才能发展中国的道理，激发学生的认同情感，引导学生自觉把爱国情、强国志落实到报国行中。

基于高中学生理性思维水平提高的特点，高中"思想政治"课程教材要重点介绍习近平总书记关于社会主义政治、经济、文化、社会和生态文明建设的重要论述，帮助学生理解习近平新时代中国特色社会主义思想蕴含的思想方法和理论品格，引导他们成长为有理想、有本领、有担当的时代新人。

大学阶段，习近平新时代中国特色社会主义思想进"思想政治理论"课程教材，要符合大学生理论思维和自主意识强的特点。"思想道德与法治"课程教材应基于习近平总书记关于培育和践行社会主义核心价值观、道德建设、法治建设的重要论述，进行思想道德修养和法治素养教育。"马克思主义基本原理"课程教材突出习近平新时代中国特色社会主义思想对马克思主义哲学、马克思主义政治经济学、科学社会主义的原创性贡献，阐明习近平新时代中国特色社会主义思想是当代中国的马克思主义、21世纪马克思主义。"中国近现代史纲要"课程教材从历史发展的角度讲述习近平新时代中国特色社会主义思想的时代意义和创新价值，讲清楚中国共产党为什么能、马克思主义为什么行、中国特色社会主义为什么好。"毛泽东思想和中国特色社会主义理论体系概论"课程教材系统全面地讲授习近平新时代中国特色社会主义思想，体现其与毛泽东思想、邓小平理论、"三个代表"重要思想、科学发展观既一脉相承，又相对独立成体系的特点，引导学生学习领会这一思想的时代背景、理论渊源、实践意义，深刻理解这一思想的核心要义、精神实质、丰富内涵、基本观点、实践要求。另外，根据重点引领的要求，在全国重点马克思主义学院要率先开设"习近平新时代中国特色社会主义思想概论"课程。与此同时，"形势与政策"课程教材应基于习近平总书记最新讲话精神，结合瞬息万变的形势、重大现实问题和热点问题，重点讲授新时代坚持和发展中国特色社会主义的生动实践和理论探索，引导学生正确认识世界和中国发展大势，基于对社会发展规律大势的认识，坚定"四个自信"。

　　硕士研究生阶段，要注意学习的重点深入和理论升华。"新时代中国特色社会主义理论与实践"课程教材应围绕新时代中国特色社会主义的重大理论和实践创新问题，以专题的形式全方位、多角度地讲授习近平新时代中国特色社会主义思想，引导学生在理论与实践的互动中理解这一思想的时代价值。"自然辩证法概论""马克思主义与社会科学方法论"课程教材要充分体现习近平总书记运用马克思主义方法论方面的创新，以科学的世界观、恢宏的历史视野、实践中的方法论，引导学生更加自觉地用这一思想指导解决科学研究中的实际问题。

博士研究生阶段，要关注学生的研究性特点。"中国马克思主义与当代"课程教材要基于历史和现实，统筹中华民族伟大复兴战略全局和世界百年未有之大变局，着眼于世界格局的变化、面临的问题和当代中国发展等，深刻理解习近平新时代中国特色社会主义思想理论创新的重大价值，更加自觉地把握中国特色社会主义事业的历史地位和世界意义，引导学生自觉运用马克思主义基本立场、观点和方法分析当代中国基本国情和世界发展大势。

(二)哲学社会科学课程

哲学社会科学课程是习近平新时代中国特色社会主义思想进课程教材的重要渠道。因此，要充分发挥主干课程的作用，哲学社会科学课程教材应基于学科特点分专题安排内容，讲述习近平新时代中国特色社会主义思想。

哲学是世界观和方法论的学问，哲学类课程教材要结合辩证唯物主义和历史唯物主义原理，讲清楚习近平新时代中国特色社会主义思想蕴含的马克思主义世界观和方法论，讲清楚习近平新时代中国特色社会主义思想是对马克思列宁主义、毛泽东思想、邓小平理论、"三个代表"重要思想、科学发展观的继承和发展，是马克思主义中国化的最新成果，是党和人民实践经验和集体智慧的结晶，是中国特色社会主义理论体系的重要组成部分。另外，哲学类教材要发挥理论思维学科的特点，深入阐释习近平总书记关于坚持实事求是、提高科学思维能力、保持战略定力、坚持问题导向、重视调查研究、发扬钉钉子精神、依靠学习走向未来等方面的重要论述，使学生认识到习近平科学思想方法和工作方法是一个完整系统的科学方法论体系，具有鲜明的马克思主义理论品质和深邃的精神实质。

经济学类课程教材肩负着总结中国经济发展成功道路的重任，必须在政治经济学原理基础上创造性地阐释习近平新时代中国特色社会主义经济思想。推动习近平新时代中国特色社会主义经济思想进课程教材，要结合中国特色社会主义的重大实践和成就，深入讲述新发展阶段、新发展理念、新发展格局和"七个坚持"，即坚持加强党对经济工作的集中统一领导，坚持以人民为中心的发展思想，坚持适应把握引领经济发展新常态，坚持使市场在资源配置中起决定性作用，更好发挥政府作用，坚持适应我国经济发展主要矛盾变化完善宏观调控，坚持问题导向部署经济发展新战略，坚持正确工作策略和方法。引导学生充分认识到加快构建以国内大循环为主体、国内国际双循环相互促进的新发展格局的重要现实意义，使学生认识到习近平新时代中国特色社会主义经济思想是党的十八大以来推动我国经济发展实践的理论结晶，是中国特色社会主义政治经济学的最新成果，开拓了 21 世纪马克思主义政治经济学的新境界。

法学类课程教材，主要应该安排有关习近平法治思想的内容，系统阐释习近平总书记关于全面依法治国、中国特色社会主义民主政治发展道路，重点讲清楚全面依法治国新理念、新思想、新战略，即坚持党对全面依法治国的领导；坚持以人民为中心；坚持中国特色社会主义法治道路；坚持依宪治国、依宪执政；坚持在法治轨道上推进国家治理体系和治理能力现代化；坚持建设中国特色社会主义法治体系；坚持依法治国、依法执政、依法行政共同推进，法治国家、法治政府、法治社会一体建设；坚持全面推进科学立法、严格执法、公正司法、全民守法；坚持统筹推进国内法治和涉外法治；坚持建设德才兼备的高素质法治工作队伍；坚持抓住领导干部这个"关键少数"。通过学习，使学生理解全面依法治国是中国特色社会主义的本质要求和重要保障，是国家治理的一场深刻革命。

国际政治和外交学课程教材，系统阐释习近平总书记关于国际关系和全球治理等方面的重要论述及习近平外交思想，即"十个坚持"：坚持以维护党中央权威为统领加强党对对外工作的集中统一领导，坚持以实现中华民族伟大复兴为使命推进中国特色大国外交，坚持以维护世界和平、促进共同发展为宗旨推动构建人类命运共同体，坚持以中国特色社会主义为根本增强战略自信，坚持以共商共建共享为原则推动"一带一路"建设，坚持以相互尊重、合作共赢为基础走和平发展道路,坚持以深化外交布局为依托打造全球伙伴关系,坚持以公平正义为理念引领全球治理体系改革,坚持以国家核心利益为底线维护国家主权、安全、发展利益,坚持以对外工作优良传统和时代特征相结合为方向塑造中国外交独特风范。

管理学和社会学类课程教材要结合推进国家治理体系和治理能力现代化工作,系统阐释习近平总书记关于社会主义社会建设的重要论述。在推进习近平新时代中国特色社会主义思想进课程教材过程中,讲清楚社会建设的主线是带领人民创造幸福美好生活;讲清楚社会建设的重点任务是坚持在发展中保障和改善民生,加强和创新社会治理;讲清楚社会建设的基本原则是坚持社会公平正义,坚持以人民为中心的理念,解决好人民最关心最直接最现实的利益问题,坚持尽力而为与量力而行相结合,坚持守住底线,坚持共建共治共享,坚持完善制度。通过学习,使学生认识到习近平关于社会主义社会建设的重要论述体现了中国共产党对人类社会发展规律、社会主义建设规律的最新认识,它们具有重大的理论意义、实践意义、时代意义、世界意义。

教育学学科落实习近平新时代中国特色社会主义思想进课程教材,要系统阐释习近平总书记关于教育的重要论述,主要讲清楚教育改革发展必须坚持的新理念、新思想、新观点,即坚持党对教育事业的全面领导,坚持把立德树人作为教育的根本任务，坚持优先发展教育事业，坚持社会主义办学方向，坚持扎根中国大地办教育，坚持以人民为中心发展教育，坚持深化教育改革创新，坚持把服务中华民族伟大复兴作为教育的重要使命，坚持把教师队伍建设作为基础工作。通过学习，使学生认识到习近平总书记关于教育的重要论述开创了马克思主义教育思想的新境界，这些论述为加快推进教育现代化、建设教育强国、办好人民满意的教育、培养德智体美劳全面发展的社会主义建设者和接班人提供了行动指南。

历史学、文学、艺术类学科落实习近平新时代中国特色社会主义思想进课程教材，主要是系统阐释习近平总书记关于社会主义文化建设的重要论述。主要内容包括：讲清楚文化自信是一个国家、一个民族发展中更基本更深层更持久的力量，坚定中国特色社会主义道路自信、理论自信、制度自信，说到底是坚定文化自信；讲好党史、新中国史、改革开放史、社会主义发展史，汲取历史智慧，深刻把握中国特色社会主义道路的历史逻辑；推动社会主义文化繁荣发展必须坚定马克思主义信仰，推动中华优秀传统文化的创造性转化和创新性发展，培育和践行社会主义核心价值观，加快构建中国特色哲学社会科学，繁荣发展社会主义文艺，推动文化事业和文化产业的发展，理解建成文化强国的重要意义；提高国家文化软实力，讲好中国故事，关系我国在世界文化格局中的定位；意识形态决定文化前进的方向和道路，必须坚持党对意识形态工作的领导权，巩固马克思主义的指导地位。通过学习，使学生认识到习近平关于社会主义文化建设的重要论述是推动社会主义文化繁荣兴盛的根本遵循，它们为中华民族文化传承和创新发展指明了方向，为人类文明交流互鉴提供了中国方案。

(三)其他课程

其他各学科专业课程教材应结合自身特点有机融入习近平新时代中国特色社会主义思想的相关内容，实现习近平新时代中国特色社会主义思想进课程教材全覆盖。

军事学类课程教材要系统阐释习近平强军思想，讲清楚习近平强军思想的地位作用、核心要义和指导作用；讲清楚新时代国防和军队现代化建设必须毫不动摇坚持党对军队的绝对领导；讲清楚党在新时代的强军目标，军事战略方针和政治建军、改革强军、科技强军、人才强军、依法治军的战略举措。通过学习，使学生认识到习近平强军思想是马克思主义军事理论中国化、时代化的新飞跃，是党的军事指导理论的重大突破、重大创新、重大发展，是新时代强军事业开创新局面、踏上新征程的行动指南。

农学类课程教材要根据顶层设计和分工，既要系统阐释习近平生态文明思想，也要分领域深化阐释习近平生态文明思想，主要讲清楚："坚持人与自然和谐共生"的科学自然观，"绿水青山就是金山银山"的绿色发展观，"良好生态环境是最普惠的民生福祉"的生态民生观，"山水林田湖草是生命共同体"的整体系统观，"用最严格制度保护生态环境"的严密法治观，"共谋全球生态文明建设之路"的全球共赢观。通过学习，使学生认识到习近平生态文明思想为建设美丽中国、实现中华民族永续发展提供了根本遵循和保障，它们对于促进全球生态治理具有重要意义。

理学、工学、医学类课程教材要结合学科专业特点，阐释人民至上、生命至上思想，培养学生胸怀祖国、服务人民的爱国精神，勇攀高峰、敢为人先的创新精神，追求真理、严谨治学的求实精神，淡泊名利、潜心研究的奉献精神，引导学生认识创新在我国现代化建设全局中的核心地位，理解科技自立自强作为国家发展战略支撑的重大意义，努力把自己的科学追求融入建设社会主义现代化强国的伟大事业之中。

另外还要强调一点，各学科都要结合学科特点，有机融入党史、新中国史、改革开放史、社会主义发展史等内容，阐释习近平总书记关于历史问题、历史思维的重要论述，引导学生在学、思、践、悟中坚定理想信念，在奋发有为中践行初心使命，不断增强历史定力、锤炼历史思维。

总之，各学段、各学科课程教材，都需要注意与时俱进地理解这项工作。一方面是从发展的角度看，习近平新时代中国特色社会主义思想是与时俱进的理论，是实践过程中的马克思主义，因而必须根据形势变化要求，及时地有机融入习近平新时代中国特色社会主义思想，保持与党和国家重大实践和理论创新同步推进；另一方面是从习近平新时代中国特色社会主义思想广度看，这一理论是实践的理论，不仅有关于全局的思考，而且有对局部工作的指导，各地、各方面应该全面整理习近平总书记在地方工作上的创新性理念、重大实践，及时梳理在视察地方、学校时发表的重要论述，深入挖掘它们的育人价值，有机融入各级各类课程教材和教学实践过程，不断丰富学习内容，引导学生进一步理解习近平新时代中国特色社会主义思想发展脉络和实践要求，使习近平新时代中国特色社会主义思想进教材、进课堂、进学生头脑更加系统全面、生动具体。

第八讲

知识形态演进的历史逻辑

　　人类因内在地具有知识内涵的劳动而与动物区别开来，而实践中有意识的知识内涵越是增长就越是"属人"的活动。一个民族、一个国家越是在生产技术活动中所具备的知识生产处于领先地位，那么这个民族、这个国家就越是走在世界历史的前列。人类历史的发展进程不仅是物质样态的变化，而且也是人类意识中把握了的知识状态的变化。尽管人类社会的物质样态的变化是意识中知识状态变化的基础和原因，然而意识中知识发展往往是人类社会物质发展最积极的动力和关键。由此，理解当代中国的发展，也可以从知识生产的视角加以考察。决定人类社会面貌的因素是多种多样的，但根据唯物史观，从根本上说是经济实力，决定经济综合实力的关键是生产力的发展水平，而生产力发展水平往往是由知识生产的水平和能力决定的。

人类知识形态经历了从经验形态到分科的原理形态知识，再从原理形态发展到在信息技术平台上形成的差异化或交叠形态的知识。中国在经验形态知识的时代处于领先地位，却因原理形态知识的落后而相对衰落。所以中国应该抓住新形态知识转换的历史时机迎头赶上，力争再次成为世界创新性国家。新中国成立以来，特别是改革开放以来，在中国特色社会主义发展道路上的探索所取得的举世瞩目的成就，尤其是知识生产方面对欧美发达国家的高速追赶，说明中国在知识生产和技术创新方面的落后是历史的、相对的、暂时的，因而也是可以在历史的演进过程中加以改变的。

一、中国在经验形态知识时代曾处于领先地位

作为文明古国，中国古代在知识生产、技术创新和文化上曾经对人类文明作过很大的贡献，而中国近代以来的衰落在根本上是知识生产方面的落后造成的。在任何时代，知识都是"力量"。知识是思想观念中把握了的世界，当这种观念外化为改造世界的力量就表现为科学技术，当这种观念外化为改造社会的力量就表现为社会管理的理念和政策。知识和社会实践之间是相互促进的。

思想观念对世界的把握是基于一定时代的认识水平用简化的图景表达世界，因此，知识与客观世界只能在历史有限的视域中达成同一性；客观世界的许多属性，不可能被完全地把握

在思想观念之中。这就是认识的矛盾之所在。正是这种矛盾的存在和不断被克服，才成为知识进步的持续动力。由此，不同时代的知识形态既存在着连续性，也存在着差异性。后出现的知识往往是在原有知识基础上的发展，因而必定保留过去知识的内容；先出现的知识以要素或片段的方式，必定包含后来知识的萌芽或雏形。

在农耕文明或自然经济时代，知识主要表现为"经验形态"的知识，这是基于感觉经验的生产与生活某方面的技能。回顾历史，特别强调"经世致用"的中国在经验形态的知识阶段保持了领先地位。与此同时，知识的进步在世界历史中具有不平衡性。我们必须认识到，西方并非一直在知识上保持领先地位，在经验知识生产的历史时期曾长期处于落后状态。

在经验形态的知识中，不是没有理论，而是这种理论是建立在经验基础上的直觉或猜测而已。经验形态的知识也不是没有量的规定，木工、瓦工显然都有有关"绳墨""尺寸"的规定，但是这种量化往往局限在自己的独特行业之中，而不是可以应用在不同物体上的量的规定性，往往无法进行普遍的量化；而且每个匠人有自己的体会和把握，从而形成自己独特的风格或"绝招"。

经验形态的知识既然是经验的和特殊的，因此必须靠特殊的生活和实践活动的经历来获得。所以"经验形态的知识"有三个明显的特点：一是基于感觉经验所限，学习效率低，需长期积累；二是基于特殊的生活境遇而体现为普遍性不足，限于某方面的技能；三是经验知识的传递往往是分散的，不具有规模效应、聚集效应。

在人类社会相对孤立存在及行业分散的情况下，知识传播比较缓慢，经验形态的知识往往无法达到现代科学的范式要求：普遍性、量化、可重复性。过去，中国的成功在于在经验形态知识方面的领先，这也让中国人形成了对知识获取的路径依赖。经验形态知识下思想观念与世界的同一性，是特定境遇中的感觉层次的同一性，这种同一性反而限制了人的普遍性视野和知识想象力。

在与西学接触之前，以中医为代表的中国知识生产是"在与西洋近代科学完全不同的思维逻辑中"进行的，是人与"天""地"或自然的互动中的经验感受或领悟的结果，因而更接近自然哲学，而不是西学基于所谓客观事实的逻辑假说的演绎过程，因而也就难以构成一种属于现代科学的理论体系。

二、西方在原理形态知识时代处于领先地位

在中国人沉溺于重视归纳的经验形态知识的时候，欧洲人却在14—17世纪实现了知识形态的革命性突破，这就是现代性的学科化和原理式的知识形态。我们可以称之为"原理形态的知识"，即以普遍公式和系统推理构成的演绎体系表达的知识。"原理形态的知识"并不是反经验的，反而非常重视和依赖经验，

但却是在知识体系和知识形式上超越经验的，这种知识打破或超出了特殊生活境遇的限制，让观念与世界的同一性扩展到不同境遇下的事物，具有超越特殊境遇的普遍性。

"原理形态的知识"是对经验背后的不变的普遍规律的探索与把握，而这种探索精神与古希腊哲学家对绝对存在和逻各斯的探究是有某种历史缘由的，甚至许多人也把目光投向基督教文化的特殊作用。但根据唯物史观，更重要的动力还是来自欧洲社会特殊的时代需求，即远洋航行对天文地理等各方面知识的迫切需求，以及伴随着市场扩张、知识发展、生产工具完善、社会关系变化之间复杂互动而塑造的资本主义历史过程。笔者认为，就像古代中国文化的经验性特征一样，现代科学只能是历史发展境遇下特定条件的产物，是广泛的社会活动的结果。基于修道院研习传统的欧洲大学的出现、亚里士多德哲学的再发现以及早期资本主义的市场竞争，欧洲实现了知识形态的飞跃，产生了适应标准化生产需要的原理形态的知识。中国知识生产的落后也许是明朝政府"禁海"政策造成的，这扼制了中国人探索更广阔世界的冲动，限制了中国人知识视野的开拓。中国知识生产的停滞不前，也就使中国成为近现代世界竞争的落伍者，让中国精英阶层扼腕感叹：中国遭遇三千年未有之大变局。正是在知识形态或认识范式上的突破，让欧洲摆脱了知识落后的局面，一跃成为世界知识生产新的中心，并且为欧洲的崛起获得了知识力量和智力支撑。

原理形态的知识有以下特点：一是学习效率高，教育系统化、制度化；二是具有普遍性，可以应用在各种不同的生产和生活领域；三是知识共性凸显了基础研究的作用，知识生产从偶然的发现成为有意识、有目的的追求，知识领域的新突破很快就能在生产领域造成颠覆性效应。

三、中国的知识生产处在一个关键的变革期

知识形态的演进往往是不平衡的，原理形态的知识只是因为某些社会历史原因首先出现在欧洲而已。知识生产的能力和水平，决定着生产力的效率和水平。发展中国家要实现自己的发展和振兴，就必须学习和掌握原理形态的知识，以便开启本土的工业化和现代化进程。由于历史条件的特殊性，中国要走向现代化，必须超越原来的知识形态，掌握学科化原理式的知识形态。

派遣学生到欧美学习，是发展中国家实现知识形态过渡的重要途径和方法，也是追赶新形态知识生产能力和水平的需要。现代化变革是基于人的变革，人的变革则是人的思维方式或知识状态的变革。社会发展必定是人的生产力的发展，生产力的发展则来自人的知识水平的发展。从晚清到改革开放初期，中国留学生成为中国知识形态转换的重要中介或转换器，这个群体也就成为中国知识生产跃升这一历史使命的重要历史承担者。当发展中国家最终学习到了现代学科化原理形态的知识之后，

世界的知识生产地图也必然发生变动。中国制造业的成功，无非是中国在知识生产方面进步的具体表现之一。

目前，中国的经济社会发展处在从高速发展向高质量发展转变的时机，中国的知识生产也处在一个关键的变革时机。经过一段时间的积累，中国的经济发展不可能再仅仅依赖学习引进知识来维持，知识生产新变革的前景也表明，新发展格局必须依靠自主的知识创新。原理形态的知识也就是在思想观念上力求达成与世界的"同一性"，不过这仍然是思想观念对世界的简化表达。原理形态的知识的普遍性也不可能完全表达客观世界内在丰富的真实内容，这种知识也无法实现与客观世界绝对同一性，从而仍然是特殊性与绝对性的矛盾体。因此，知识形态仍然是向未来敞开的。

现代信息技术和互联网已经且正在大大改变知识生产的背景条件。在笔者看来，当代这种新形态的知识是"信息技术介入状态下的差异化知识"，或曰"以信息技术为平台的交叠形态的知识"。也就是说，信息技术作为当代大科学发展的平台，日益推动其他学科知识的相互融会贯通，从而让科学知识呈现出许多新的特征。

由此，知识形态演进可以分三个层次：第一个层次是经验形态的知识，主要面对的是宏观物体的机械运动，主要靠初等数学并且通过日常经验来验证；第二个层次是原理形态的知识，是对微观物理运动、化学过程和生命机理的认识，主要靠理论假设和模型来表达并且通过实验加以验证；第三个层次是信息技术介入的复杂科学或"大科学"，需要利用计算机进行大量的模拟计算，并且以一定的算法阐释人的行为科学，包括经济学类、管理学类等，这就需要人们通过大量的数据挖掘、计算和分析，来处理各种自然或社会的复杂问题。

中国就是带着经验形态知识的"前理解结构"，在学习原理形态知识真谛的同时，赶上了信息化的浪潮，而且在独立自主地开展改革开放的思想文化氛围中，形成了某种更加灵活的综合理解知识的可能性或思想"场域"。从知识生产的逻辑看，中国某些方面的突破，主要是中国在短时间之内从经验形态的知识经历了原理形态的知识和信息技术支撑的交叠形态的知识的洗礼。

根据唯物史观，知识生产的历史，也是劳动生产活动的历史。在知识经济的时代，知识形态似乎变成信息技术介入下的交叠形态。所谓信息技术支撑的交叠形态的知识，有以下新的特点：一是这种形态的知识体现为跨学科的综合性知识；二是新形态知识的层次和性质的多维性和贯通性，这也导致现代教育理念的变化，一流大学更注重不同学科的学者间的相互影响；三是这种形态的知识体现为普遍原理知识和特殊的经验知识的结合。

四、中国如何在新的历史时期走向创新国家前列

正如前文所言，不同时代的知识形态既存在着连续性，也存在着差异性，在信息化时代，知识的形态更多表现为信息技术介入的智能化知识，因而创新的意义更加凸显出来。实际上，后来的知识形态是在原先知识形态基础上的发展，且在自身中包含着原来形态的知识，先前的知识形态是后来知识形态永恒的基础和要素，脱离原有科学知识的基础，只能是知识的退步。可以说，三种知识形态既是共时结构，也是历时状态。由此，知识的演进也是一个充满内在矛盾的过程。对处于一定时代的民族而言，其发展知识的优势和劣势往往是纠缠在一起的。

世界百年未有之大变局，实际上就是中国等发展中国家在工业生产和知识生产上逐渐赶上了西方发达国家的步伐，知识形态的转换以及世界知识生产地图的改变，必将使世界竞争的格局也发生深刻的变化。谁掌握了知识生产的规律与趋势，谁就掌握了经济社会发展的主导权。谁适应了知识形态的改变，谁就取得经济社会发展的历史性先机。无论如何，新形态的知识创新本身已经成为经济社会发展最重要的动力，想要不被"卡脖子"，我们必须掌握关键技术。民族的复兴就是一个民族知识生产能力的复兴，唯有知识生产保持活力，民族的复兴才能有不竭的动力。以美国为首的西方国家的极限施压，只能激起中国人内在的动力。知识创新有自己的历史逻辑，我们必须顺势

而为、奋发而起。中华民族伟大复兴的梦想能够顺利实现，必定是建立在中华民族知识创新能力的复兴之上的。

近年来，中国在知识生产方面取得了很大的成绩，但是我们必须保持清醒的头脑。我们必须对影响中国知识创新的不利因素有清醒的认识。一是知识生产需要一个长期积累的历史过程，唯有长期坚持基础研究，才可能在知识创新方面实现突破。西方显然有知识积累的优势。二是由于知识发展的后发状态，中国处在赶超阶段，更加注重应用的效能，因而基础性研究仍然明显不足，原始创新的基础和动力都明显偏弱。三是走在最前沿的知识生产往往对其他知识生产有统摄作用。中国目前的优势是成本效益上的"量"，这往往是可以被取代的，而在制高点上的知识原创意义上的"质"是在科技实力的比拼中不可取代的。就此而言，美国等国对我们的遏制仍然是有一定效能的。四是知识生产必须有与之相适应的制度和文化的支持，这不是短时间之内就能够形成的，而与社会大多数人的认识水平和接受程度密切相关。

当然，中国也有加快知识创新并重新回到世界知识生产中心的有利条件。第一，高速发展的产业体系需要越来越多的知识支撑，这是知识创新不竭的客观动力，而经济实力的增长也为科技创新提供了坚实的客观条件和物质基础。第二，中国在综合对待经验形态的知识、原理形态的知识、信息技术介入下的差异化知识或叠加形态的知识方面历史地具有某种更加灵活的文化氛围。第三，作为后发者，中国人有强烈的学习和吸纳新知识的愿望，也有通过运用知识创新改变自己落后地位的强烈意愿，这是知识创新持续的主观驱动力。第四，中国有巨型国家和特大市场的促进效应，更为重要的是有中国特色社会主义制度的保障：教育优先发展战略、科技创新驱动战略，推动创新国家的建构，体现了中国"集中力量办大事"的制度优越性。

我们的知识创新既有有利条件，也有不利因素。看不到影响知识发展的不利因素，就容易在知识创新上犯盲目乐观的错误，似乎知识发展是自然而然的进程；看不到影响知识发展的有利因素，就容易失去知识自主创新的信心，犯悲观主义的错误。正确的做法是，应该尽可能发挥自己的长处，消除自己的弱点。在发挥国家整体规划和推进制度优势的同时，仍要增进科学研究的自由氛围；基础研究是知识创新最深厚的根基，必须花更大的力气加强看似"没有实际用处"的"纯研究"。

一个国家的综合实力和竞争力更多地体现在科技实力方面，而科技实力则表现在人才的科技素质和创新能力上。因此，要提高国家综合实力和竞争力，就必须落实到培养更多具有高科技素质和更有创新能力的青年一代身上。由此，我们就能够理解教育优先发展战略的重要性。民族复兴的前景需要中国青年拥有知识创新方面的能力，这就要求我们培养在知识创新方面走在世界前列的人才。在信息技术或知识经济时代，教育协助人们建立差异化、个性化的知识结构。现代教育越来越强调学生知识结构的自主建构，跨学科知识的综合运用，不同学科之间的知识转移与方法转移。要让中国成为世界知识创新中心，就需要我们实现教育现代化，让教育水平真正实现脱胎换骨般的飞跃。

第九讲

民族精神的历史性与时代性

一、民族精神的重要性

作为一个新兴经济体和一个负责任的大国，中国的崛起已经是一个事实。世界舆论为中国的发展速度感到震惊，纷纷谈论所谓"北京共识"和"中国模式"，中国人也越来越自信，逐渐洗刷了过去自惭形秽和崇洋媚外的心态。世界和中国人自己都在重新认识中国。

由于中国在近代的落伍和积贫积弱，拿破仑曾经把中国描绘成为"睡狮"，黑格尔甚至把中国说成是世界历史的"永恒起点"——总是处在人类童年的发展阶段，也有西方学者把中国理解成为"停滞的帝国"，更有人视中国人为"东亚病夫"。正因如此，在世界的许多文化中，"中国"一词往往有一些消极的内涵掺杂其中。譬如，根据巴西《这就是》周刊网站 2003 年 2 月 19 日的报道："中国"在葡萄牙语中显得有些神秘和陌生，人们习惯于用"中国故事"形容离奇曲折、匪夷所思的传说，用"中国耐心"描述那些行动迟缓、有耐心甚至执拗的人。

然而，就大历史的角度看，从 1840 年鸦片战争起，经过中国人民一百多年的浴血奋斗，到中华人民共和国成立，中国人民站立起来，实现了民族的独立。经过几十年的改革开放和社会主义市场经济建设，中国人民开始富裕起来，走上了民富国强的发展道路。中国已经成为当今世界第三大贸易国，第四大经济体；作为联合国常任理事国，中国在国际事务中发挥着越来越重要的作用；作为千百年延续不断的文明古国，中国的文化又重新散发出新的活力。现在，世界对中国文化的理解发生了根本性的变化，"中国"一词已经有了新的意义：最时髦的说法是以"中国速度"增长、以"中国节奏"发展、以"中国态度"（主要是乐观）对待棘手的问题和复杂的局面。

不过，美国学者拉莫曾在《新闻周刊》中撰文指出，一些中国学者提出的"如果我们强大，我们就受到欢迎"的想法过于简单了。力量和一个健康的国家形象并不是孪生兄弟。美国就是一个很好的例证，虽然很强大，但在世界的很多角落却是被憎恨的对象。^① 随着发展的进程，越来越多的人认识到：一个民族国家，只有经济发展是不够的，必须伴之以一种具有凝聚力的文化认同力量，这种文化力量可能是与经济创造力相辅相成的。那种凝聚人民、动员人民、激发人民创造力的文化力量，就是我们所说的民族精神（volksgeist）。任何民族精神都有自己的历史起源和发展过程，它们都是在一定时间和空间内孕育和形成，并且通过历史记忆加以传播的。就如有的学者指出的，"一个社会不应局限于物质生产和经济交流。它不能脱离思想概念而存在。这些思想概念不是一种'奢侈'，对它可有可无，而是集体生活自身的条件。它可以帮助个体彼此照顾，具有共同目标，采取共同行动。没有价值体系，就没有可以再生的社会集体。"^②显然，民族精神是一定的民族国家内部力量整合的必需的要素：民族精神不仅须臾不可缺少，而且其内在的性质也影响着一个民族现实的发展进程。

民族精神首先具有明显的历史继承性。我们绝对不能采取历史虚无主义态度，因为"历史总是惩罚那些忽视历史的人"^③。然而，历史是发展的，民族精神也不是一成不变的。不仅具有

---

① ［美］拉莫：《树立国际形象，中国当务之急》，伊文译，载《环球时报》，2006-09-21。

② ［法］吉尔·利波维茨基、［加］塞巴斯蒂安·夏尔：《超级现代时间》，谢强译，北京，中国人民大学出版社，2005年，111页。

③ ［美］约瑟夫·拉彼德、［德］弗里德里希·克拉托赫维尔主编：《文化和认同：国际关系回归理论》，金烨译，杭州，浙江人民出版社，2003年，53页。

历史性而且具备时代性的民族精神，才能成为动员整个民族的积极的推动和凝聚力量。自古以来，中华民族的优秀文化就深深熔铸在以爱国主义为核心的团结统一、爱好和平、勤劳勇敢、自强不息的伟大民族精神之中。但是，中华民族的民族精神在不同的历史时期有不同的体现。中华民族的历史发展过程和其民族精神是一个相互塑造的过程。

二、民族精神的历史性

民族精神的形成和发展都是基于一定时空体系内发展的民族的历史性的反映。按照英国学者安东尼·D. 史密斯的话说就是，"民族主义的力量恰恰来源于它的历史积淀。……它与其他现代信仰体系不同，权威不仅仅存在于民族的普遍意识中，而且存在于此民族或彼民族的特有形象和特性之中。民族主义使这种形象和特性变成了绝对性的东西。因此，民族主义的成功有赖于特殊的文化和历史环境。"①史密斯所说的民族形象和特性，实际上就是民族精神的体现，它们有着明显的历史特征。

首先，每个民族都有自己的特殊的历史起源（这些起源往往有自己的神话），并且通过对一系列事件串联起来的发展过程的叙述而成为一种共同体。有些人认为，民族是一种"想象的共同体"。显然，民族共同体的形成必须借助于想象的力量，这是毋

---

① ［英］安东尼·D. 史密斯：《全球化时代的民族与民族主义》，龚维斌、良警宇译，北京，中央编译出版社，2002年，6页。

庸置疑的。就如美籍匈牙利学者阿格尼丝·赫勒指出的,"在欧洲和伟大的东方文明(中国、印度、日本)中,历史回忆和对往昔记忆的珍视扮演着最为重要的角色。历史记忆保存在故事、传说和符号中,在这里,英勇的事件、伟大的竞赛和特别的磨难都扮演着重要的角色。历史记忆讲述行动的故事,讲述各种制度的起源和它们的消亡。过去制度的内在结构不是保存在历史意识的深处,而是通过男人和女人的行为保存下来。"①由此看来,中华民族的民族精神显然是在中国这块土地上孕育和形成,并且通过亿万中国人的历史记忆延续下来的。但是,民族共同体绝对不可能是纯粹想象的产物,任何想象都是以一定的实际历史活动为基础的。作为一种意识形态,民族精神不可能离开民族的历史实践活动独立存在和发展。实际上,正是"发展着自己的物质生产和物质交往的人们,在改变自己的这个现实的同时也改变着自己的思维和思维的产物。不是意识决定生活,而是生活决定意识"②。

显然,一定时空体系内发展的族群,为了群体的生存和发展,必须凝聚在一起,协商、协调和合作,形成共同的利益目标。这样,一定的族群必然通过想象和叙述产生某些"构成一体"的话语形式,由此在民族内部形成共同的文化形式、价值追求、社会心理和"我们感"(认同感),以便反映并且进一步塑造

---

① [匈]阿格尼丝·赫勒:《现代性理论》,李瑞华译,北京,商务印书馆,2005年,145页。

② 《马克思恩格斯选集》(第1卷),北京,人民出版社,1995年,73页。

共同体的生活样式。譬如，中华民族的民族精神内涵和价值取向显然不同于欧美、非洲以及亚洲其他民族国家的民族精神。按照毛泽东的说法就是，"它是我们这个民族的，带有我们民族的特性。"①同一个民族的文化精神也随着历史的变化而发生变化。例如，中华民族的忠诚在古代往往表现为对家族和君主的献身，而现代中国人的忠诚就演变成对国家和事业的执着。又如，越南战争之后的美国国民文化意识就明显不同于第二次世界大战之后一段时期的精神状态，"9·11"之后美国人的心理状态又发生了新的变化。

其次，民族精神是通过与"他者"的相遇而自省的，遭遇差异才唤醒自我认同感，与"他者"的相遇本身也体现着历史性。在形而上学的意义上，认同是与区分的差异相关的。认同"这个特性"（identity，英语认同这个词也有特性的意义）就划定了一个界限，使我（me）、我们（we-ness）与他者（other）区分开来。因此，社会认同是在差异的场域中被界定的。民族精神也是在发现"他者"的时候和地方出现的，即以"他者"的形象作为参照，以差异特征作为叙述动力，形成自己族群的历史故事和民族性格的叙述系统。中华民族就是在华夷之辨的过程中不断融合而形成的，古代以中原为中心的中国概念已经变成现在中华民族"多元一体"的概念。在某种意义上说，现代中华民族的文化自

---

① 《毛泽东选集》（第2卷），北京，人民出版社，1991年，706页。

觉就是在西方列强和日本帝国主义入侵的压力下形成的。目前，方兴未艾的全球化进程就形成了一个差异相遇的新的更大的空间或场域，促使中国人民进一步自我反思和自我认同，以应对欧美所开启的现代性和全球化的压力。从宏大的历史视野看，从近代以来中国人民反帝反封建的不屈不挠的斗争到现在社会主义市场经济建设，都是中华民族在全球民族差异（世界之林）的境遇中自我重塑的过程。不仅中华民族是在与他者相遇的境况下形成，而且整个人类的民族分化也遵循了同样的规律。譬如，世界范围的交往和全球化进程并没有抹平民族和民族国家的界线。美国学者安德森指出："长久以来被预言将要到来的'民族主义时代的终结'，根本还遥遥无期。事实上，民族属性（nation-ness）是我们这个时代的政治生活中最具普遍合法性的价值。"①另一位美国学者海斯也指出："民族主义（不是国际主义）现在是一个基础稳固的传统，也是现代文化的一个特征。"②显然，人类从分散走向世界历史和全球化的进程不是抑制了民族意识，反而通过差异的相遇而促进了民族意识的觉醒。

再次，由于前两点，民族精神过去、现在和未来可能都应该是复数而不是单数的。③ 复数是历史性的体现。实际上，人

---

① ［美］本尼迪克特·安德森：《想象的共同体》，吴叡人译，上海，上海人民出版社，2003 年，2 页。

② ［美］海斯：《现代民族主义演进史》，帕米尔译，上海，华东师范大学出版社，2005 年，249～250 页。

③ 同上书，1 页。

类学的文化概念就已经从西方中心论走向了各民族比较平等的相对主义，这有可能成为"无原则"的理论，似乎对文化不采取任何评价。赫勒曾经描述这种文化概念："没有一种文化具有比其他文化更高或更低的道德，所有文化的信念对于真理性的要求具有同等价值。其结果是，在一种文化中好的东西在另一种文化中可能是错误的，而且在这个问题上没有人可以成为裁断者。"①然而，我认为，就此必须分层次：就民族文化性质而言可以说没有优劣之分；但是，在民族文化的存在状态方面，是可以有健康与病态的区别的。譬如，日本人经常说其民族文化是对死去的人就不追究其罪恶了，因此连甲级战犯都应该受到尊重。——这当然是日本右派的借口。如果真的是日本民族文化认为这样，那么这种文化就是缺乏善恶标准的一种病态，因此是有问题的，是必须改造的。德国文化经过改造之后变得更加值得欣赏了，而日本没有经过这样的改造，因而常常引起周边邻国的反感。差异本身既可能表达非实质性的多样性，也可能有健康与病态、良好与混乱之分。我们承认差异及其文化之间的相对性，但是我们不承认文化比较的无原则的相对主义。尽管我们没有先验的标准，但是我们可以在历史发展中找到合理化过程的理想性期望标准。

另外，历史性当然喜欢复数，但是历史也需要生成和发展，

① ［匈］阿格尼丝·赫勒：《现代性理论》，李瑞华译，北京，商务印书馆，2005年，192页。

因而不同民族所处的时代有阶段性差异。阿格尼丝·赫勒曾经说："我怀疑下面的观点：我们现代世界的随意行为都是受到同样的形而上学思想、主/客体关系和技术想象所'框范'的。与哈贝马斯学派相反，我怀疑是否存在一种支配性的世界解释，在我看来，现代世界确实在所有层面和所有方面都是零散的、冲突的，有时甚至是混乱的。"①她在《历史哲学片断》中就表达了这种观点。现代人的世界观已经碎裂成为碎片。显然，赫勒把哈贝马斯看作是相对主义的对立面，而她自己是认同相对主义的。我个人认为，必须把普遍主义和相对主义加以综合，才能比较完整地或视野较广地理解现代世界和文化。而要综合二者仍然需要历史性。由于人类社会有一个历史生成过程，社会发展仍然呈现出某种规律性。这些虽非绝对的共性，但也存在某些统计学上的趋势性的东西。我们不能因民族性而抗拒普遍性的东西。一个排斥普遍性的民族是没有希望的，只有把民族性与普遍性历史地结合在一起，并且不断发现和开创普遍前景的民族才是有希望的民族。

最后，即使共同的精神也体现着历史性的特点。如古希腊的民主精神，对全人类的历史发展而言，显然具有普遍意义，但是在那时民主只是自由民的特权，大多数奴隶是不可能享受这种权利的。中国古代就有"和"的理想，对全人类的历史发展

---

① ［匈］阿格尼丝·赫勒：《现代性理论》，101 页。

而言，显然也具有普遍的意义。但是这种理想在当时也是排斥了人民（小人）的统治者（君子）内部所倡导的规范，因此不仅是虚伪的，而且也是难以真正实现的。反过来，我们不能因为这些理想的历史性就否认它们的普遍价值，毕竟我们可以通过我们的努力不断扩展具有普遍意义的价值理想的适应范围和体现深度。

三、民族精神的时代性

由于产生在一定的时空境遇之中，所以，民族精神除了明显的历史连续性之外，也具有很强的时代性。实际上，民族精神的时代性就是其历史性的当前的延续。作为对民族历史性活动的反映，民族精神必然因时空境遇的不同而发生变化。民族精神是由民族文化的叙述系统延续的，无论如何变化，它都会以某种形态继承始发点的基因；民族精神是对民族现实的历史创造性活动的引领和反应，必须对特殊的时代性问题作出回应，因此它必然带有一定历史时代的烙印。

同样是"勤劳"，在不同的时代有不同的表现和指向。如果在自然经济状态下，中华民族的勤劳更多地表现为养家糊口的劳动中的体力支出，那么现在则更多地表现为团队工作中无私的精力和智力的投入，并且越来越多地有了创造性的蕴含。譬如，现在，在讲勤劳时，我们在想到王铁人这样的代表人物时，也会想到许多科学家。从知名度的角度看，最著名的劳动模范可能是像袁隆平、王选这样的人物。

我们处在什么时代呢？目前，世界的时代性主题是"和平与发展"。经济全球化、政治多极化、文化多元化成为时代的基本特征。尽管必须有历史传统作为起点，但是新民族精神必须符合时代的要求和特征，这种民族精神应该是理性的（不走极端、不走偏锋）、自觉的（不是被动的）、开放的（宽容差异）、与时俱进的。我认为，当代民族精神的时代性可以表现为自觉性、合理性、开放性、进取性和创新性。

自觉性。随着民主化进程，现在的民族精神将越来越多的呈现为有自由权利和个人自我意识的公民的自觉选择，而不是社会内部臣民被动地、无意识地被灌输的结果。在古代，人们的文化意识或价值观往往是文化熏陶的产物，尽管也有统治者有意识地灌输，但是对文化、价值或精神意识的承担者个人而言，习惯的精神取向的形成往往是一个无意识的过程。新的民族精神只能"是大众的，因而即是民主的"①。在当代社会，"每一个现代社会领域都是一个价值领域"。价值选择就是价值认同过程。"对一个价值领域的选择也即是一种存在的选择（choice existential）。当一个人选择了一个价值领域时，他就选择让自己成为投身于这个领域的男人或女人。"②现在，中华民族的共同理想就是建设富强、民主、文明的社会主义国家，这是中国

---

① 《毛泽东选集》（第 2 卷），708 页。
② ［匈］阿格尼丝·赫勒：《现代性理论》，60 页。

共产党领导下的全体中国人民的自觉选择。

合理性。在古代，民族文化和民族精神往往依赖神话的叙述，因此民族认同本身就具有很强的神秘性。一定的神话曾经成为凝聚族群的力量，发挥过重要的作用。但是，现在社会，民族精神应该杜绝神秘主义，并且把民族发展的根本利益作为培育新的民族精神的基础。新时代的民族精神应该是符合科学精神的，按照毛泽东的说法，"它是反对一切封建思想和迷信思想，主张实事求是，主张客观真理，主张理论和实践一致的。"①另外，现代的民族必须鼓励公民遵守社会规则，必须培育公民的法治意识，应该鼓励公民行为的合理、适中，抵制极端主义行为。一句话，新的民族精神应该体现文明、民主、理性的时代特征。

开放性。开放就必须宽容地对待他者，即使对待民族国家内部也需要宽容和开放的态度；开放就必须拒绝狭隘的民族主义和小集团封闭意识。每个民族都有与其他民族相互区别的文化，一个民族内部也不是完全同质的。"相反，社会和政治领域的发展趋势却远不是齐一的或线性的。而且在将来也很难期望它如此。"②也就是说，在任何一种文化内部也是包含差异、矛盾、悖论的。单一的文化会因时间之中的流动而划分为不同历史阶段的文化，因空间的展开的序列而形成不同的亚文化——

① 《毛泽东选集》(第 2 卷)，707 页。
② ［匈］阿格尼丝·赫勒：《现代性理论》，98～99 页。

都市文化、乡村文化、宗教文化、商业文化、政治文化、企业文化、学院文化、大众文化等。在这种情况下，我们不仅应该鼓励公民树立团队精神，而且也应该鼓励更广泛的交往。只有这样，我们才能不断拓展自己的视野，磨砺自己的智慧，拓宽自己的生活空间，推进自己的思考深度。

进取性。在自然经济的时代，人们依靠的主要知识来自经验的积累，因而守成心态往往占据主导地位。在工业社会中，理论知识越来越重要，但是大规模产业需要标准化，许多情况下更多地要求人们遵守既定的规则和标准。在知识经济条件下，知识创新和创意就成为重要的社会进步动力源。要有开拓意识，与时俱进。《易经》中就讲："天行健，君子以自强不息。"我们的祖先在春秋战国时期处在朝气蓬勃的状态。可是，在千百年的封建主义文化束缚下，我们的民族精神被某种保守的心态所笼罩。在知识经济和全球市场竞争的情况下，我们必须重建我们的自信心和进取心，才能适应时代的要求。反过来，我们的民族进取心也在塑造着我们这个时代的基本特征。

创新性。尽管福山声称冷战的结束意味着"历史的终结"①，然而，事实的发展并不是如此。历史是与创新联系在一起的。停滞不前往往是非历史的。由此，中华民族的民族精神绝不是回到过去，而是以传统为起点的不断拓新。美国学者拉莫指出，

---

① Francis Fukuyama，*The End of History and the Last Man*，New York，The Free Press，1992.

中国常以古代文化而自豪，但它的未来将更多地由"新"而不是"古"来决定。孔子学院也不应只介绍古代圣贤，也应该介绍新一代思想家、艺术家和政治家的创新的内容。[①] 笔者认为，拉莫的话是有道理的。我在 10 年前就指出，历史传统只能是我们文化的起点，我们应该在这个起点上延伸或创造出新的辉煌。文化只有在创造中才能展现其魅力和活力，民族精神只有在创新中才能体现其世界性的价值。[②]

总之，民族精神伴随着民族的历史实践而变化，因此它具有历史性和时代性。一个民族的民族精神与这个民族的时代活动和时代特征是互相塑造的关系。中华民族的伟大复兴需要我们弘扬民族精神，更需要我们以开放、自信和创造的姿态培育与时代相适应的民族精神。

---

① ［美］拉莫：《树立国际形象，中国当务之急》，伊文译，载《环球时报》，2006-09-21。

② 韩震：《民族文化的生命力在于开放》，载《探索与争鸣》，1995(9)；《创造性地对待历史传统》，载《光明日报》，1998-03-20。

第十讲

爱国主义与教育的使命

　　爱国主义是指人们对国家的一种强烈的归属意识和积极的建设性态度，揭示了个人对祖国的依存关系，是人们对自己国家、民族、文化传统、生活方式的归属感、认同感、自豪感的统一，集中体现为民族自尊心、自信心。爱国主义不仅表现在政治、法律、道德、文化等意识形态之中，而且渗透到日常生活、风俗习惯各个方面，表现在为国家繁荣发展和安全稳定而奋斗的行为之中，成为影响民族和国家命运的重要因素。

一、爱国主义教育是天经地义的事情

　　环顾全球，在任何国家爱国主义教育都是天经地义的事情。一是国家要在自己管辖边界内将自己的语言体系和行为规范传递下去，通过共同的语言和生活方式的教育培养国民的共性，从而形成民族特性。二是把自己民族传统文化不断发扬光大，为国家文化认同奠定总体性的文化基础，让国民在文化上有共同的归属感，有共同的文化纽带。三是通过价值观的传递为国家塑造共同的道德理想和奋斗目标，让国民有共同的追求且在这种共同的追求中形成强烈的"我们感"。譬如，法国政府在2015年秋季开学前宣布启用新教学大纲，开设"道德与公民教育"课，代替已经施行10年的小学公民道德、初中公民教育和高中公民、法制与社会课程，以培养具有共和国价值观和责任感的公民。2015年9月，为纪念法国国歌《马赛曲》作者鲁热·德·利尔逝世160周年，时任法国总统奥朗德宣布将2016年定名为"《马赛曲》之年"。2016年2月，法国国民教育、高等教育与科学研究部公布了"《马赛曲》之年"计划，目标是在学校加强法国传统文化及历史教育，宣传和弘扬法兰西民族的核心价值观，激发青少年的爱国热情和对国家的认同感。英国也非常重视国家认同教育。2015年1月27日，时任英国教育大臣尼基·摩根在卡尔顿俱乐部智库论坛上表示，树立"核心英国价值观"是英国教育的"重中之重"，"所有学校都应像提升学术标准一样提升基本的英国价值观，让每个孩子懂得英国价值观与学习数学、英语同样重要"。美国的爱国主义教育更是系统而严密，无论是学校教育还是好莱坞电影塑造的英雄形象，无不在灌输对美国的热爱和忠诚，增进美国公民对美国的自豪感。即使如此，许多政客仍然不满意，如2020年9月17日美国宪法日，特朗普总统在国家档案馆发表演讲，要求美国学校进行全面的"爱国主义教育"，称"我们的青年将被教育全心全意地爱美国"。在同一天，美国一位历史学家弗里曼也在推特上写道："爱一个国家就是拥抱它的所有复杂性。"

二、爱国主义教育实施的有效途径

爱国主义是贯穿中华民族发展过程的鲜明主线，为民族精神的弘扬和发展提供强大的激励力量和鲜明的目标指向。从古至今，爱国主义已深深地融入中华民族的民族意识、民族性格和民族气概之中，成为中国人弥足珍贵的精神财富。新中国成立之后，国家的独立自主和繁荣发展让海内外中华儿女为之骄傲，进一步激发了人们的爱国热情。

对于我们每个人而言，爱国就是爱祖国的大好河山，爱自己的骨肉同胞，爱民族的灿烂文化，爱国家的社会制度。它表现为对养育自己的家国的深深眷恋；对祖国历史悠久的文化、灿烂辉煌的文明的自豪感；对祖国各族人民的热爱、血浓于水的亲情；对维护祖国荣誉、民族尊严的责任感；对国家前途、命运的关心与使命感。在当代中国，在建设社会主义现代化强国和实现中华民族伟大复兴的征程中，青少年是爱国主义教育的重中之重。对青少年进行爱国主义教育主要有以下举措。

一是充分发挥课堂教学的主渠道作用，将爱国主义精神贯穿于学校教育全过程，推动爱国主义教育进课堂、进教材、进头脑。在这方面，除了语文、历史、地理等课程之外，义务教育阶段特别关注《道德与法治》的教材与教学，高中阶段主要是抓好《思想政治》的教材与教学，而在高校则是上好思想政治理论课，发挥学生主体作用，在教育灌输和潜移默化中，引导学生树立国家意识、增进爱国情感。在课堂教学中，与爱国主义教育相关的主题有：(1)开展中国特色社会主义和中国梦教育，着眼于实现中华民族伟大复兴的中国梦这一"最大公约数"，引导学生把学习教育成果转化为爱国报国的实际行动。(2)开展国情教育和形势政策教育，帮助人们了解我国发展新的历史方位、社会主要矛盾的变化，引导人们在进行伟大斗争中更好地弘扬爱国主义精神。在历史与现实、国际与国内的对比中，引导学生珍惜中国特色社会主义，不断增强道路自信、理论自信、制度自信、文化自信。(3)弘扬以爱国主义为核心的民族精神和以改革创新为核心的时代精神，培育和践行社会主义核心价值观，提高学生的思想觉悟、道德水准和文明素养，培养担当民族复兴大任的时代新人。(4)开展党史、新中国史、改革开放史、社会主义发展史教育，引导学生深刻认识社会主义道路、改革开放的历史必然性，凝聚起将改革开放进行到底的强大力量。(5)开展中华优秀传统文化教育，引导学生树立和坚持正确的历史观、民族观、国家观、文化观，不断增强中华民族的归属感、认同感、尊严感、荣誉感。(6)强化祖国统一和民族团结进步教育，让学生了解各民族同呼吸、共命运、心连心的光荣传统代代相传。(7)加强国家安全教育和国防教育,引导学生意识到国家安全对每个人幸福生活的重要性,自觉维护国家安全,增强全民国防观念。

二是营造爱国主义教育的社会氛围。这主要有:(1)创作生产优秀文艺作品,出版适应不同年龄、不同成长阶段学生的爱国主义读物,让广大青少年自觉接受爱国情怀的熏陶。(2)用好报刊、广播、影视等大众传媒,生动鲜活地开展爱国主义教育。(3)发挥先进典型的引领作用,让学生有精忠报国的可学榜样。(4)唱响互联网爱国主义主旋律,让爱国主义充盈网络空间。(5)涵养积极进取、开放包容、理性平和的国民心态,引导学生做到自尊自信、理性平和,推动爱国之情转化为实际行动。(6)强化制度和法治保障,把爱国主义精神融入相关法律法规和政策制度,譬如禁止人们丑化英雄的言行,发挥约束和规范作用。

三是广泛组织开展实践活动。这主要有:(1)组织开展丰富多彩的校园文化活动,丰富拓展爱国主义教育校外实践领域,引导大中小学生更好地了解国情民情,强化责任担当。(2)建好用好爱国主义教育基地和国防教育基地,让爱国主义教育有空间依托。(3)注重运用仪式礼仪,认真贯彻执行国旗法、国徽法、国歌法,强化国家意识和集体观念。(4)组织重大纪念活动,让重大纪念日、重大历史事件成为爱国主义教育资源。(5)发挥传统和现代节日的涵育功能,在节日活动中引导学生感悟中华文化、增进家国情怀。(6)依托自然人文景观和重大工程开展教育，寓爱国主义教育于游览观光、研学实践之中，引导青少年领略祖国壮美河山，投身美丽中国建设。

三、关于新时代开展爱国主义教育的几点建议

教育可以在社会规范、价值观念、文化传统、思想意识等方面增强学生的国家认同，努力凝聚共识和塑造共性，从而实现中华民族的大团结大联合，汇聚起实现民族复兴的磅礴力量。

一是要教育青少年把维护国家统一和主权安全作为最高利益。爱国就要坚决维护国家主权、安全、发展利益，旗帜鲜明反对分裂国家的图谋、破坏民族团结的言行，筑牢国家统一、民族团结、社会稳定的铜墙铁壁。当代中国，爱国主义的本质就是坚持爱国和爱党、爱社会主义高度统一。在中华人民共和国香港特别行政区和澳门特别行政区，爱国应该是爱中华人民共和国，承认中国共产党在中国的领导地位，拥护、接受中国共产党的领导，珍惜中国共产党制定的"一国两制"政策，绝不做损害中国特色社会主义制度的事情。

二是要教育青少年礼敬中华民族历史和文化。在五千多年文明发展中孕育的中华优秀传统文化，积淀着中华民族最深层的精神追求，代表着中华民族独特的精神标识。要以自豪的态度对待中华优秀传统文化，弘扬古圣先贤、民族英雄、志士仁人的嘉言懿行；要崇尚自强不息、敬业乐群、扶正扬善、扶危济困、见义勇为、孝老爱亲等传统美德，并结合新的时代条件

和实践要求继承创新，使之与现代文化、现实生活相融相通，成为全体人民精神生活、道德实践的鲜明标识；要对为国家发展、民族独立作出贡献的英雄心怀崇敬，见贤思齐，以英雄为学习榜样。

三是要教育青少年坚持立足民族又面向世界，理性弘扬爱国主义精神。我们不能妄自尊大，也不要妄自菲薄，应该做到自尊自信、理性平和。要认识到中国的命运与世界的命运紧密相关。当今社会越来越成为"你中有我、我中有你"的命运共同体，没有哪个国家能够独自应对人类面临的各种挑战，也没有哪个国家能够退回到自我封闭的孤岛。要有海纳百川、开放包容的胸襟，坚持和平发展、合作共赢。中国提出的构建人类命运共同体、共建"一带一路"等重要理念和倡议，充分体现了中国人民愿意同世界各国人民一道共同创造美好未来，始终做世界和平的建设者、全球发展的贡献者、国际秩序的维护者的信念。要把弘扬爱国主义精神与扩大对外开放结合起来，尊重各国的历史特点、文化传统，尊重各国人民选择的发展道路，善于从不同文明中寻求智慧、汲取营养，增强中华文明生机活力。积极倡导求同存异、交流互鉴，促进不同国度、不同文明相互借鉴、共同进步，共同推动人类文明发展进步。

四是要教育青少年以实际行动报效祖国。爱国不仅是一种思想和情感，更是一种报效祖国的实际行动。爱国，既表现在国家安危、民族存亡的紧要关头，能够挺身而出、舍生忘死；

也表现在他人生命财产遇到危险时，能够扶危救弱、施以援手；更表现为在日常生活和工作中，能够兢兢业业、默默奉献。青少年应该自觉融入国家发展大局，为中华民族伟大复兴的中国梦贡献力量，共享民族复兴的荣光。

五是在教育的方式方法上可以进行多样性探索。对香港而言，可以借助国家安全教育，在教材开发和教学活动中逐渐增加爱国主义教育内容；发挥香港爱国主义历史资源和遗址的教育功能，引导学生增强家国情怀；通过文献和实地考察了解国家发展的成就，增强对国家的自豪感；把升国旗、奏唱国歌作为仪式制度固定下来，让学生在仪式感中增强认同感；到驻港部队参观访问，增进学生对国家安全的责任意识。

第十一讲

大学的使命与完善大学治理结构

　　"教育是民族振兴和社会进步的基石。"党的十八大报告把教育放在改善民生和加强社会建设之首，提出要"努力办好人民满意的教育"，这充分体现了党中央对教育事业的高度重视，对优先发展教育的坚定决心。显然，当社会进入总体小康的阶段，在温饱问题解决之后，教育对民生的重要性就更加凸显出来。我们的小康不仅是物质生活的改善，还要伴随文化生活、精神生活的提升。物质贫乏即一般说的贫穷不是社会主义，知识贫乏也不是社会主义，没有基本的知识素养、较高的文化素质、崇高的价值追求，也不是社会主义。——所有这些都需要教育优先发展。高等教育的发展，首先就是提高质量。提高质量，就要在完善学校治理上下功夫。党的十八届三中全会决议提出，全面深化改革的总目标是完善和发展中国特色社会主义制度，推进国家治理体系和治理能力现代化，关于教育也提到了要"深入推进管办评分离"，扩大"学校办学自主权，完善学校内部治理结构"。扩大自主权是与完善学校内部治理结构相呼应的，扩大自主权需要学校有完善的内部治理结构，只有内部治理得到了优化才能用好自主权。

一、大学的使命和任务

众所周知，大学的使命就是培养人类社会发展和文明进步所需要的各类人才。大学是知识和文化传承创新的基地。正如哲学家怀特海所言："大学培养了我们这个文明世界的知识分子先锋……这些知识分子始终是理想的源泉，这些理想引导人们勇敢地去面对时代的困扰。"[1]一个民族的兴衰是与其知识、理想和价值观的视野密切相关的，而知识、理想和价值观视野的地平线往往是由其高等学校的质量和水平决定的。正像德国前总理施密特所指出的，没有一流的大学就不可能有国家的繁荣发展，因为如果"大学停留在二流或三流的水平"，"就无法取得绝对一流的研究成果"。[2] 没有一流的研究成果和理念思想，当然不可能成就一流的国家繁荣富强。

---

① ［英］怀特海：《教育的目的》，徐汝舟译，北京，生活·读书·新知三联书店，2002年，141页。

② ［德］赫尔穆特·施密特：《全球化与道德重建》，柴方国译，北京，社会科学文献出版社，2001年，56页。

大学承担着传递知识和创造新知识的功能，特别是其创造新知识的作用更是越来越被重视。大学是面向改造世界的实践活动的，是面向未来的。"大学向发生、在发生、正发生的事情开放。"①这就是说，大学不是仅仅通过传递知识培养社会延续的一般人才，而是通过创新知识来培养引领社会的人才，培养塑造未来社会的领袖人才。实际上，人类不乏创新的想象力和创造力，但是在大学之外，这些想象力和创造力往往得不到系统的积累和发挥。大学通过一定的制度和方法，激发并且高效地利用人们的想象力和创造力，不断地扩展人们的知识视野。一流大学区别于其他大学的地方，就在于不仅能够更有效地激发人们的想象力和创造力，而且能够更有效地将这种力量转化为对社会发展有用的思想、知识和建议。

大学作为创新知识和更新思想的共同体，需要不断有年轻人的加入。在大学内部，培养人才与其知识创新是一致的。这就是说，没有知识的创新就难以培养社会精英和创新型人才，同样，没有人才的培养过程，也不可能进行持续的有活力的知识创新。就此，怀特海曾经指出其中的道理："大学确实传授知识，但它以充满想象力的方式传授知识。"②"青年人富于想象力，如果通过训练来加强这种想象力，那么这种富于想象力便

---

① ［法］阿尔贝·雅卡尔等：《没有权威和惩罚的教育》，张伦译，北京，中国人民大学出版社，2005年，79页。

② ［英］怀特海：《教育的目的》，136页。

很可能保持终生。人类的悲剧在于，那些富有想象力的人缺少经验，而那些有经验的人则想象力贫乏。愚人没有知识却凭想象办事；书呆子缺乏想象力但凭知识行事。大学的任务就是将想象力和经验融为一体。"①怀特海这段话的实质是说，只有把老年人的经验、方法和青年人的创新冲动与想象力结合在一起，才能构成大学的创新性品格。

　　大学如果能够创新知识，就必须以自由和追求真理的精神进行探索。知识是一种思想的构建，只有不断地解构以往的思想产品，突破既定的规范，才能保持开发的心态，才能不断探索新的知识疆界。大学体现的是思想自由的气质，是彰显追求真理的品格，是不惧任何权威的批判精神。大学应该培养大写的人，即具有"自由之精神，独立之人格"的人。这种自由人格并不是天马行空的独行侠，而是对他人有尊重和同情心，对社会富有责任感，对时代负有使命感的人。一个不尊重别人自由的人，他是真正自由的吗？一个认为自己垄断真理的人，是真正追求真理的人吗？这些大学的特殊情况给学校的内部治理增加了复杂性。我们必须考虑：用什么样的制度，才能使大学有正常的秩序以促进学者之间的竞争与合作，激励学者们的自由探索精神？怎样的大学治理，才能使大学保持自由探索的活力？怎样的大学治理，才能彰显大学的品格？

---

　　① [英]怀特海：《教育的目的》，138 页。

大学必须完善自身的治理，才能更好地发挥自己的社会功能。正如麻省理工学院校长查尔斯·维斯特所指出的，"我们对社会进步和福利作出的贡献最终取决于我们是否有富于想象、明智而勇敢地驾驭自身进程的能力"①。

二、大学治理的主体

大学的根本任务就是培养人才。由于侧重不同的学科和具体任务，大学实质上又是由拥有多重目标的人群组成的复杂系统。在这个复杂的系统中，每一个成员都是大学不可或缺的力量，都是学校内部治理的主体。从宏观结构而言，按照从业者和服务对象来看，可分为学生和教职员工两大部分。西方大学最初就是教师和学生的共同体，学生也是大学治理的主体力量，大学的任何涉及学生利益的政策和措施出台都应征求学生的意见。这个征求意见的过程是通过一定的机制协商的过程。

除了学生之外，学校的教职员工由教师、教学辅助系统职工（如图书馆、资料室、教务、后勤等职工）和管理职能部门人员构成。在大学的治理结构中，教师处于关键的中心位置。尽管大学是为培养人才而设立的，教师本身不是大学的目的，而是为学生的学习服务而设立的直接性岗位，但其存在却是至关重要的。因为不仅师生之间的关系是最直接的，而且教师的水

---

① ［美］查尔斯·维斯特：《一流大学卓越校长》，蓝劲松译，北京，北京大学出版社，2008年，13页。

准和视野往往也决定了人才培养的水准和学生将来发展的可能性。大学教师的水准就决定了大学的水准，大学教师的水平就决定了大学的教学水平。所以，大学往往都非常重视卓越教师的引进和培养，教师的话语权在学校内部治理中的权重是非常明显的。如果不把教师的话语权放在关键的核心地位上，学校的发展就会出方向性问题。

为了学生能够正常学习、教师正常教学，学校还有其他岗位职责，这就是管理部门、教辅和后勤支持系统。没有这些服务和支持系统，学生既不能很好地学，教师也不能很好地教。因此，学校在重视师生地位的同时，不应忽视其他群体的话语权。尽管大家的最终目标是一致的，但因岗位不同，往往会引出利益和看法的差异。在教职员工中，不仅教师与教辅和后勤系统之间有利益的合作与竞争，而且教师和管理职能部门人员之间也会存在利益和观点的冲突。譬如，有人通过数据调查得出结论："学术人和行政人关于大学的许多问题在认识上差异甚巨，存在明显的价值鸿沟和文化分裂。"[①]当然，大学也存在大量的"双肩挑"人员，就是指那些既从事教学科研又担任管理工作的人。他们可以成为学术人和行政人之间文化沟通的桥梁，但也可能因其从两方面追求自身利益，而引起双方的猜疑和不满。近年来社会上对大学行政化的诟病，便大多是由于对这部

---

① 刘小强、沈文明：《两种人：大学群体文化的分裂与跨越——大学行政人和学术人文化差异的实证研究》，载《中国高教研究》，2013(11)。

分人通过行政化手段攫取学术资源和荣誉不满。这里的情况是非常复杂的。应该说，懂教学科研的教职人员担任一定的学校管理工作，对学校管理的价值取向是有重要的规范作用的。学校的主要领导应该是懂教育懂学术的教育家，而不应是纯粹的行政官员。教学科研人员走向管理岗位，其优势是懂得教学科研的规律。特别是那些在教学科研上取得了突出成绩的人，最容易获得大家的认可。事实上，也的确有许多优秀的教师成为院长、副校长乃至校长。问题是，这些教学科研人员一旦担任了领导职务，他们的主要精力是用在学校治理方面还是继续自己的教学科研工作，这就很值得研究了。既然承担管理职责，那么就应该把主要的精力放在行政管理上，而不能利用行政资源去做自己的学术"业务"。我认为，学校的业务管理部门的主要领导，应该由熟悉教学科研业务和规律的学者来担任，但与学术离得较远的职能部门，则应由不从事学术研究的专职工作人员来担任。学校还是需要一些纯粹的专职行政人员，如果都是教学科研人员兼职，一是有些工作的性质，如后勤、资产、基建等，不是教学科研人员的专长；二是因为他们不可能把全部精力放在管理工作上，会耽误整体工作进程。

大学治理主要应该依靠教师，教师是大学治理主体中的主体。但是，怎么样才能更好地发挥这个主体的作用，还是需要仔细研究的。实际上，教师队伍是一个认识与观点差异的集合体。首先是理工科与所谓文科"两种文化"的存在。在大学中，两种文化之间尽管相互影响、相互吸收对方的营养，但是文化的鸿沟似乎从来没有填平过。即使在文科内部，日益发展的经济、管理、金融等社会科学学科与传统的文史哲人文学科之间的价值冲突也越来越明显。人文学科不同的院系之间也存在利益的竞争，这种竞争在同一学科内部的不同人员之间也一直难以弥合。人文学科研究的特点造成的所谓个人主义文化，即"文人相轻"的现象，经常使一个简单的管理活动演变成为复杂而长期的博弈和沟通过程。在资源有限的情况下，不同的利益群体和个人，都会因资源的分配而产生冲突或争论。由此看来，大学是一个不同学科知识生产和传播的联合体。在这个联合体之中，历史越长就往往积累更多的"声誉"，这些"声誉"本身背后都有人使之成为特别美丽却又非常脆弱的花瓶，以便让人不容易挪动。这样一来，大学的结构就越来越复杂，而结构越是复杂就越是难以整合。大学本来可以共享资源，提高办学效率，但是部门利益使这种共享难以实现。大学本来因多学科的优势，可以通过交叉融合而增强创造力，但是利益封闭往往难以实现协同。大学需要不断的治理革命，才能防止不同学科、不同群体、不同方面的自我封闭与画地为牢，促进各个学科、群体等方面的交汇与合作，使这个联合体发挥协同育人与联合攻关的创造功能。

三、大学的治理结构

基于多年大学任职的经历，我深知大学不同群体之间的利益交集与博弈的复杂性，必须靠制度来制约不同团队的特殊利益，实现各种视角的相互校正。知识分子是研究知识、发现新知识的人群，他们对自己的研究和事业非常执着，这反而养成一种特殊的自尊心，这种自尊心把握不好就很容易滑向唯我独尊的状态。作为一个学者，我个人还是非常理解甚至尊重学者的这种心态的，因为这是支撑他们研究事业的动力之一。你否定他研究的问题的价值，你轻看他研究的成果或结论，那就是否定他的生命价值。但是，当这些异常"执着"的人们碰在一起时，如何才能实现有效的合作和基本的治理呢？目前，有一个经常说的词是"分类管理"，可是分类到什么程度才能满足个性化的特殊需要呢？我们总不能为每个人搞一套评价标准吧。如果真的那样，实际上就没有评价了。为了完善大学的治理，我们就必须通过顶层设计，构建可以自我调节和优化大学治理结构和机制的系统。大学去行政化是对的，但去行政化不是"去管理"，而是完善管理，实现善治。

在中国，大学的治理结构必须遵循《中华人民共和国宪法》和其他法律，如《中华人民共和国教育法》《中华人民共和国高等教育法》《中华人民共和国教师法》《中华人民共和国学位条例》等，这些法规都是大学治理的上位法。

根据法律规定，中国高等学校实行党委领导下的校长负责制。在这里，党委领导是根本，是理念性、价值性和方向性的；校长负责是具体层面的，是操作性、过程性、工作性的。党委领导下的校长负责制，是中国特色社会主义民主制度在大学治理中的具体实现形式。有些人，一说民主就说欧美如何如何好，一说到大学的党委领导下的校长负责制却又摇头否定。既然民主是权力的相互制约，那么为什么我们的集体领导的权力制约制度就不行呢？既然西方大学有董事会负责选拔和监督校长，为什么我们就不能由党委会领导和监督校长的工作呢？想个人说了算，这本身就是问题，就是不民主，就是封建主义思想作祟。毋庸讳言，在具体工作中，有些学校的党委书记和校长确实出现过不和谐和矛盾，但这些问题不是制度的问题，而是具体人的问题。一方面，欧美学校的领导层也会发生人事矛盾；另一方面，大多数中国大学的工作是好的，是有成效的。完善党委领导下的校长负责制，我认为还要厘清以下几个问题：首先，党委领导下的校长负责制，不能理解成为书记领导下的校长负责制。党委领导是集体领导，不是书记领导。在这个意义上，书记和全体党委委员也是在党委领导之下工作，校长在党委的领导下，书记也在党委的领导之下，书记只是主持党委的工作，是领导班子的班长。其次，党委领导下的校长负责制并不否认校长的工作职责。党委领导决定大事、方向性的事情，校长负责落实党委决定了的事情的实现。如何实现党委决定了的事情，用什么样的策略、方法和途径，这就是校长独立发挥领导作用的领域了。最后，党委领导下的校长负责制，无论是党委的决策还是校长的工作，都还需要走从群众中来到群众中去的群众路线。党委领导下的校长负责制，不是书记领导还是校长领导的问题，也不是书记说了算还是校长说了算的问题，而是如何实现大学的民主治理的问题。党委领导下的校长负责制是中国特色社会主义民主制度在大学的具体体现。这是我们的优势，而不是我们的问题。

教职工代表大会及工会的成员由教师、职工按照一定的比例选举产生。每年召开一次会议，听取并审议学校校长的年度工作报告、学校的财务预决算报告，讨论并咨询其他学校工作和有关教职员工利益的事项。我个人认为，大学的学术性问题和事务不宜在这种场合讨论，因为学术是追求卓越的，不能把非学术的力量引入学术的讨论。学术的突破性发展往往是通过个别人的卓越眼光而实现的，在这里实行民主往往得到的是平庸的结果。学术探索的本质是自由，而不是民主。最有创见的新知识的突破不是靠人数投票获得的，而往往是少数人的独创性的产物。教职工代表大会的组成人员更是具有各种岗位和职务的广泛性，这里应该讨论学校的总体性发展以及教职员工的职业发展和福利保障。当然，为了保证学校教职工代表大会的教育特性，必须保证教师代表占主导地位。实际上，中国某些大学的教职工代表大会制度已经越来越成熟，不仅有关教职员工切身利益的规章制度或惩罚奖励条例都经过代表大会的讨论通过，而且许多高校还开展领导就某些热点问题接受代表质询的活动。教职员工民主参与的机会和机制越来越完善。在这方面，中国的高校似乎走在了欧美高校的前面。

要充分发挥团组织、学生会和研究生会在学生自我管理、自我服务中的组织作用。在学生组织自我管理、自我服务方面，欧美大学有较好的传统和经验，值得我们学习和借鉴。大学必须树立以学生为本的理念。学校的服务对象是学生，因为有学生才有学校，才安排教职。不是从逻辑上讲，因为有教师才有学生，而是因为有学生才需要教师。怀特海曾经指出："教育是训练对于生活的探险；研究则是智力的探险。大学应该成为青年和老年人共同参与的探险活动的家园。"[①]斯坦福大学校长约翰·亨尼斯曾经说过：在斯坦福，教授一般把研究生看作是自己的同僚，而不是打工的学生。教授非常注意学生们的创造性，也希望激发他们的创造力为自己的研究出力。实际上，中国大学的许多教授也是这样对待学生的，学生的创造力和精力是自己研究团队的宝贵财富。对大学来说，涉及学生利益的许多规定应该与学生会和研究生会商议，求得他们的理解和支持。当然，这并不是说所有的安排都由学生来决定。一般说来，学生希望学校为其提供尽可能好的教学、服务和其他支持，而学校

---

① ［英］怀特海：《教育的目的》，146 页。

在考虑对学生提供尽可能好的服务和支持的同时必须量力而行，即对学生的支持不能妨碍学校未来的可持续发展。学生毕业就离开了，学校还要继续存在和发展，不仅考虑自身的卓越与竞争，而且要为教职员工包括离退休人员的生计考虑。

学术委员会及院系教授委员会应该在学术问题上发挥主导作用。在学术权力方面去行政化，不是校长退出学术委员会就万事大吉了。校长退出学术委员会未必就实现学术民主了，在现实中把学术委员会交给某些学者担任，实际上已经出现了更加专断甚或偏执的情况。从"屁股指挥脑袋"的逻辑看，校长大多数情况还是从全校的大局出发看问题，而有些教授往往只是从自己的学科发展去看问题，甚者有些学者是从自己或自己的团队的利益去看问题的。有些学校的学术委员会长期为某个人把持，他自己成为"学阀"，不仅只考虑自己的团队利益，而且还大肆排斥异己，这显然不利于学术的发展，抑制了各学科的健康发展。这种教训是非常多的。为了避免出现这种情况，就必须在设计学术委员会的构成时，需要规定严格的轮换制、任期制，需要规定好讨论问题的规程，等等。可以设计学校主管领导担任学术委员会主席，但只有主持会议的权利，没有投票权；可以设计学术委员会全体委员选举学术委员会主席，任期一年，不得连任；可以设计学术委员会的任期不得超过一任或两任。诸如此类，就是为了防止出现学术权力被垄断。

中国的大学在民主管理方面是有很多的实践的，在这方面我们要有足够的自信。中国大学民主治理的实践，也构成中国特色社会主义民主的重要组成部分。实际上，欧美的民主已经形式化为周期性的竞争性投票选举，而实质的民主决策却乏善可陈。欧美公民的确可以投票选总统，但在很多情况下他们的教职员工在选举校长方面发挥的作用并不大。另外，在新学科的建立、新教师的遴选、新研究团队的建立方面，普通教职员工的发言权并不大。2013年夏天，我访问欧洲一所有几百年历史的著名大学时，该校的常务副校长告诉我："不能把评聘教授的权力给普通教师，那样的话会使教师队伍逐渐平庸化。我们是组织一个精英团队提出遴选人选，由校长在其中挑选。"由此看来，中国大学校长对教授的遴选权要远远小于许多欧美的同行。这样说，并不意味着中国的大学治理就已经足够民主了，只是说我们在大学的民主治理方面并不比欧美落后，我们只是与他们有不同的探索路径。

另外，大学的行政化不仅在中国存在，在欧洲更有甚者。欧洲许多国家大学教授就是公务员身份，许多国家的大学也是由政府部门管理。例如，施密特就指出，德国"大多数高校基本上都是由外行，即各州文化部的事事皆管、精打细算的财政预算人员来管理的；所有教授在有生之年都是官员，自他们受聘之后便再也无人考察和评价他们的能力"①。大学教授作为国家

---

① ［德］赫尔穆特·施密特：《全球化与道德重建》，57页。

公务员，无论工作绩效如何，都可以高枕无忧地享受待遇。为此，施密特建议："我们应当让各高校进行全面的效率竞争。也就是说，应当解除官僚制的束缚。"①可见，去行政化不只是中国的事情，这是一个国际上的共同现象。

大学去行政化，不是打碎学术组织机构，不是抛开行使管理的职能部门，不是不要维持大学正常运行的必要的行政机构和人员。问题是，行政机构和行政人员必须是为教学科研的学术目的服务，才能够获得自己存在的正当性。行政机构和行政人员不能把自己的部门价值当成是头等价值，在大学最头等的价值就是学生的学和教师的教，所有部门的价值都必须服务于学生的学和教师的教。另外，学校行政部门的人员，包括书记、校长在内，都不是管理教师和学生的官员，而是服务于学生和教师的职员。大学的治理应该是成为一个扁平化的网络结构：在其中，党委把握政治方向和工作大局，校长和行政部门负责学校的整体发展战略和日常运行，教授通过学术委员会的工作引导治学，教职员工通过教职工代表大会、学生通过学生会和研究生会民主参与管理。

四、大学治理与学术组织

在大学里学生的学和教师的教，首先是在一定的院系组织

---

① ［德］赫尔穆特·施密特：《全球化与道德重建》，58 页。

中展开的。当然，学生应该是整个大学的学生，他应该可以从全校的学习资源中获得学习方面的支持，包括不同院系和不同学科的课程资源。这就要打破院系之间的壁垒，使各种资源可以得到共享。这就需要构建符合现代治理理念的学术组织及其之间的关系：既要给院系充分的自主权，使治理主体和重点下移；又要使各院系之间有全校一盘棋的观念和政策，这样才能形成共享软硬件资源的机制。

学术组织的设定首先是数量和大小问题。一般说来，在学校规模确定的情况下，一个学校内部设立的学术机构越多，学术机构的规模也就相应地越小。欧美许多大学往往校院系或校部院三级管理，按照这种管理模式的学校院或部一般都在个位数之内，即不超过 10 个，院或部下面又有许多以学科为单位的系。一是这种设置的优点是整合比较容易，学校容易下放权力。在这种情况下，许多院或部的负责人其地位不亚于甚至高于副校长。二是有利于实现教学科研资源共享的目的，避免重复设置，从而节约资源。三是有利于实现学科交叉，有利于不同学科之间的交融和创新思维的培养。众所周知，创新往往来自学科边缘的交叉地带，在这个地带容易进行理念和方法的创造性迁移。

我们的大学是在原来校系二级管理基础上发展的，所以在纷纷改系为院的过程中往往是把原来的系升格为院。在这种情况下，我们往往是在一级学科基础上建院，有的是在二级甚至三级学科的基础上建院，甚者有的教研室也因种种原因趁机独立升格成为学院建制。因此，我们的大学，无论规模如何，动辄就有二三十个院，学校被碎片化了。这种设置的优点是，因规模小内部治理比较简单，即使管理出现问题影响比较小；另外，这种设置比较符合中国传统自扫门前雪的心态，因而可以避免许多矛盾。但是，这种碎片化的设置已经成为阻碍中国大学学术创新的严重问题：一是学科自我封闭，缺乏多学科的互动与合作，这不仅影响了教师的创造力，同时也影响到学生的思维与视野；二是因麻雀虽小、五脏俱全，所以重复建设的现象极其严重，造成人力物力的浪费；三是由于机构臃肿且碎片化，很难实现管理重心和权力的下移。正是基于这些问题，许多学校正在探索大学部制，力图整合学科资源，实现学科交叉和资源共享。国家也出台许多政策，鼓励不同机构之间的合作，以便实现协同创新。

学术组织的设定其次涉及学校内部纯粹科研机构的设置问题。既然大学的根本任务是培养人才，那么大学的科研活动就是培养人才的一部分，所以应该将科研机构绑定在一定的院系设置之内。科研机构一旦独立设置，往往就与教学活动相分离，既不利于教师的全面发展，也不利于把学生培养成为创新型人才。如果科研机构与教学单位是一体的，那么人员就可以在这两个方面流动，这一方面可以把科研成果直接转化为教学内容，另一方面也可以使教师都有从事科研的实践机会。当教师有科研课题且科研思维活跃时就到科研机构进行研究，当课题做完了且处于创造力的酝酿期就可以到教学岗位工作。教学相长，他可能会从学生那里得到灵感和启发。问题是，现在的管理体制使科研院所与教学院系之间存在壁垒，人力资源很难得到共享。

所有的问题都说明，大学治理需要进行结构性的改革。但是，要改变一种长期形成的传统是非常困难的，尤其在大学要进行结构性改革更加困难。大学科学思维的理性往往都是对外而言的，当改革到大学本身时就会失效，许多理性话语反过来为偏狭的小团体利益辩护，打的旗号和利用的话语却是最崇高的公共利益。大学面对的问题是未来的、全新的，但是我们的脚却站在过去的传统中难以自拔。大学在改革方面，正像马克思批评的，可以说是"理论的巨人，行动的矮子"。

北京外国语大学早就提出要培养复语型、复合型人才的教育理念，但是学术组织却是严重分割的，往往基于单一的语种进行设置。机构臃肿、重复建设、效率低下的问题非常严重。面对困难，我们就会想到曾经担任过耶鲁大学教务长的剑桥大学校长阿里森·理查德说过的话："选择做某一件事并不一定容易。选择不做某一件事也很难。然而，如果不作任何选择，那将是学校的灾难。"[①]我曾经在北京外国语大学中层干部会议上

---

① 周作宇：《剑桥大学"第一夫人"的改革之路》，载《科学时报》，2007-07-31。

讲过，我是一个"有理想的现实主义义者"，我们必须进行必要的改革，但是我们会选择恰当的时机进行预料能够成功的改革。

大学学术组织的民主治理已经在探索之中，有院系教代会，有学术委员会，有教授委员会。我只想指出，即使学术委员会或教授委员会，其主任也应该有轮换制，在院系最好是年度轮换，否则容易形成学术上的"霸权话语"。我们应该警惕行政化，我们也同样要防止出现个人或小团体的学术霸权。如果大家都奔着完善治理的目标去考虑，就不难找出符合中国特色的治理道路。当然，无论如何进行民主治理，都需要有人落实繁杂的行政事务。院系仍然需要有人担任党政领导。从多年的工作经验出发，我认为，院系的党政主要领导应该由学者担任，特别是院长、系主任，即使不是这个学科最好的学者，也应该在这个学科中有相当的地位和影响力。院长、系主任的学术视野和境界，涉及院系教学科研工作的视野和境界问题。党总支书记最好也由具有较强政治判断力和一定理论水平的学者担任，因为这样他才能与教师、学生有共同语言，能够在党员群众中树立威信，并且容易发现党的方针政策与自己学科教学科研工作的结合点，能够找到在自己学科落实党的方针政策的行之有效的方法，能够把思想工作落实到具体的实际工作中去。

总之，中国高等教育的现代化需要我们进行大学治理方式和治理结构的改革，在改革过程中我们既要立足中国现实又要借鉴国际经验，既要注意顶层的合理设计，也要摸着石头稳妥地推进。中国高校内部不乏改革的思想或主意，缺少的是改革的意志和行动。要形成改革的意志和行动，就要在高校师生员工中凝聚改革的共识。这在以独立思想为特征的高校是最为困难的事情，但是也是改革成功的关键。

第十二讲

现时代的教育变革与国家认同

　　全球化进程使很多人的认同发生了复杂变化，人的多样身份如何内在整合成为具有连续性和完整性的认同，是一个值得重新思考的问题。[①] 实际上，有些人的国家意识已经很淡薄。美国盖洛普公司在全球的民调显示，"全球有 7 亿人希望永久移民到另外一个国家。……这一数字占全球成年人口总数的 16%……这些人都觉得'异乡的月亮更圆'。"[②]为什么人们的国家归属感如此容易动摇？其原因非常复杂。在这里，我的话题只想聚焦在教育与国家认同的关系上，即谈谈教育在人们的国家认同形成

---

　　① 参见拙作《全球化时代的文化认同与国家认同》，北京，北京师范大学出版社，2013 年，77 页。

　　② 管克江：《调查：全球 7 亿人想移民》，载《环球时报》，2009-11-05。

过程中的作用，经济全球化、信息网络化和具有后现代特征的知识经济对国家认同提出了哪些新的挑战，以及我们应该如何应对这些新的变化和挑战，改善我们的认同教育，以便在变化的时代中强化国民的国家认同感。

一、教育在国家认同形成中的作用

2012年，香港因制定和颁布《德育及国民教育科课程指引(小一至中六)》引起了一场风波，某些势力以所谓反对"洗脑"为借口极力抵制。为什么这些势力对国民教育如此之仇视？这实质上证明有人不愿意看到下一代香港人认同祖国。这也从反面确证了教育与国家认同的密切关系。实际上，世界各国，包括美国和欧洲国家，都有自己的公民教育课程。因此，在纷纭复杂的国际形势下，国家必须坚持对教育特别是公民教育的主导权，以便在复杂多变的背景下强化国民的国家认同感，增进国民的凝聚力。①

教育与人的认同的培养有着内在的联系，教育在其本质上就是为了把人培养成什么样的人，即让人认同什么样的文化、价值观、道德规范和行为方式。什么样的教育就必定塑造什么样的人。国家的公民教育就是为了培养人对国家的认同。正如

---

① 在2011年颁布的《义务教育历史与社会课程标准(2011年版)》中明确规定，课程的目标之一是"逐步增强国家认同感、归属感和自豪感"。见《义务教育历史与社会课程标准(2011年版)》，北京，北京师范大学出版社，2012年，6页。

美国的教育是引导美国青少年认同美国，法国的教育引导法国青少年认同法国，俄罗斯的教育让俄罗斯青少年认同俄罗斯，日本的教育引导日本青少年认同日本等一样，中国的教育当然应该引导中国青少年认同自己的祖国。

应该承认，教育与国家认同之间的关系，只是到了近代才真正成为突出问题。在古代，教育往往是私人性质的。譬如，中国古代的孔子收"束脩"而讲学，到后来则发展出一些成规模的书院和无数的私塾。尽管如此，中国古代的教育也与国家认同有内在的关联，其中最为显著的就是秦始皇所肇始的"书同文"和"车同轨"。有了汉字的教育，中国各地方言的多样性就没有超出中华文化同一性的大框架，各地尽管读音有差别，但我们的文字是统一的。在古希腊，有苏格拉底的教育活动以及智者讲授雄辩术，还有柏拉图、亚里士多德等人的学园。即使在中国古代有部分的官学，也只是统治者为了选拔和使用少数治理国家的精英人才而设的，大多数儿童并没有接受正规教育的机会。在欧洲，后来也出现了一些集中的教育，即教会垄断的修道院。欧洲国家现代化的一个重要标志就是国家开始垄断国民教育，这后来发展成为义务教育。民族国家和国家垄断教育相互促进，使欧洲的现代民族国家得以立足。受西方的影响，在清朝末年各地办西学教育开始蔚然成风。在推翻帝制建立民国之后，中国加快了学习西方的进程，开始普遍设立现代基础教育体系，但由于贫穷落后，真正能够接受最起码的基础教育的人仍然限于家庭富裕的子弟。直到新中国成立之后，普遍而普惠的义务教育才真正得以发展。

为了国家的长治久安，国家教育体系的根本目标之一就是要培养积极的公民或高素质的国民。一个国家实施什么样的教育，就意味着这个国家希望人们有什么样的文化认同和国家认同。

第一，教育可以通过共同的语言和生活样式的教育培养国民的共性和民族特性。① 民族国家的教育体系，都是要在自己管辖的边界内把自己的语言体系和生活规范传递下去。法国的学校用法语讲课，在都德的《最后一课》中集中体现了语言与国家认同之间的关联。尽管欧洲和解后法国人就不再提都德的这篇文章了，但文章本身反映的问题却是实实在在的。正因为语言教育的重要性，英国首相卡梅伦才指出，"所有在英国的移民必须讲英语，学校必须向学生讲授英国的共同文化。"②也正是出于同样的原因，2010年10月16日，默克尔在基督教联盟的会议上竟然说：在德国构建多元社会的努力已经"彻底失败"，外国移民应该更好地学习德语，融入社会。"我们感到自己与基督教的价值观紧密相连，那些不接受它们的人在这里没有位

---

① 国家认同需要民族特性。"认同即意味着相同，差异即意味着不同或他者；因此认同和差异互为前提，没有认同就无所谓差异，没有差异就谈不上认同。"见［荷兰］克里斯·洛伦兹：《比较历史学理论框架的初步思考》，梁高燕译，载《山东社会科学》，2009(7)。

② 参见《英首相公开抨击多元文化，指其催生本土伊斯兰恐怖主义》，载《参考消息》，2011-02-06。

置。"①当今世界，比利时瓦隆大区和弗拉芒大区之间的语言差别经常使国家认同成为问题，比利时甚至为此一年多没有政府，国家也走到差一点分裂的地步。加拿大魁北克的双语活动，也反映了魁北克讲法语的移民希望能够延续自己的语言和生活样式。南斯拉夫解体之后，各国都希望把原本差别不大的语言进一步特殊化为特殊的民族语言。在斯洛文尼亚驻华大使的推动下，其外交国务部部长、科技教育国务部部长分别访问北京外国语大学时，都要求我们把作为选修课的斯洛文尼亚语开设成为招收本科生的专业。实际上，英语国家不断地推动英语在世界范围内的传播，也是因为他们希望更多地培养能够理解他们的文化、价值观和生活方式的人。显然，教授一种语言不仅是赋予一种交流的工具，语言实际上承载着这个民族千百年来凝聚的文化传统和智慧。语言不仅是交流信息的单纯形式，不同的语言背后都有不同的文化人类学旨趣。例如，在中国接受了系统的教育，就特别容易理解"家国同构"的伦理观念，而欧美人可能对此就感到陌生许多，因为他们从没有接受这样的教育。

第二，教育可以通过文化传承为国家奠定统一的文化传统。一个民族国家的存在不仅有其国土和物质生产的基础，而且也有其精神传统的延续，当国民都有着思想意识和文化上的共同

---

① 薛巍：《文化多元主义的可能性》，载《三联生活周刊》，2010(46)。

感时，这个国家才是有机的民族国家。这就是有学者所说的，"一个社会不应局限于物质生产和经济交流。它不能脱离思想概念而存在。这些思想概念不是一种'奢侈'，对它可有可无，而是集体生活自身的条件。它可以帮助个体彼此照顾，具有共同目标，采取共同行动。没有价值体系，就没有可以再生的社会集体。"①实际上，民族国家的教育就是通过文化意识和价值观的再生产而延续民族国家的存在。因此，任何国家的教育体系，也必定以自己民族的文化传统为底色传承文化。

第三，教育可以通过文化创新为国家培养适应未来发展需要的人力资源。一个国家越是治理得好、发展得快，这个国家的国民就越是对自己的国家认同感到骄傲。教育可以通过培养更多掌握现代知识、技术和技能的人，为国家的发展提供源源不断的人力资源，促进国家的快速发展，实现国家的良好治理。当宇航员随神舟飞天，当嫦娥三号带"玉兔"到月球而"玉兔"能够在月球行走时，全中国人民都会为之骄傲和自豪，这有利于强化自己作为中国人的国家认同感。

第四，教育可以通过价值观的教育为国家塑造共同的道德理想和奋斗目标。一个国家的认同往往基于这个国家的共同理想和奋斗目标。这就是说，"社会成员通过走向他们共同目标的构想，形成一个价值共同体"②。教育不仅可以把国家的价值

---

① ［法］吉尔·利波维茨基、［加］塞巴斯蒂安·夏尔：《超级现代时间》，111 页。
② ［德］阿克塞尔·霍耐特：《为承认而斗争》，胡继华译、曹卫东校，上海，上海人民出版社，2005 年，128 页。

观、荣辱观和道德规范系统地传递下去，为全体国民构建一个共同的精神家园，而且可以通过把新的奋斗目标——如国家的独立、民族的复兴、社会的发展——传递给未来的国民，把人民引向共同的追求。当前，中国梦的教育就是一个鲜活的例证。"中国梦是民族的梦、人民的梦，也是每个中国人的梦。"①进行中国梦的教育，就是在为中华民族的伟大历史复兴塑造更加广泛的国家认同，并且为这种认同凝聚更伟大的中国精神，聚集更广泛的中国力量。

教育与国家认同的形成和延续是密切相关的，但国家认同及其国家认同教育都面临新的挑战。

二、现时代国家认同教育面临的新挑战

在经济全球化、信息网络化、知识经济和文化多元化的背景下，国家认同及其关于国家认同的教育也面临着许多新的挑战。正如美国的约瑟夫·S. 奈指出的，"信息革命、技术变革和全球化不会取代民族国家，但会让世界政治的行为体和所有问题变得更为复杂。"②

第一，全球化背景下，经济的跨国活动和人员的跨国流动，

---

① 中共中央宣传部：《中国特色社会主义学习读本》，北京，学习出版社，2013 年，168 页。

② ［美］约瑟夫·S. 奈：《硬权力与软权力》，门洪华译，北京，北京大学出版社，2005 年，187 页。

使原本一个国家内部的教育变成可以在全球范围内选择的过程。教育越来越国际化了，这必定影响教育对国家认同的效力。现在，有许多人因工作或学习的原因长期在国外生活，他们的孩子往往就跟随他们在国外学习。尽管他们仍然保留着中国国籍，但孩子们所受的教育却让其国家认同变得复杂起来。父母的影响，特别是一起学习的外国儿童差异性，仍然使他们意识到自己是中国人，但他们接受的教育又可能弱化他们的国家认同。此外，有些人虽然仍然生活在国内，但他们可能为跨国公司工作，其经济利益和文化身份有时也可能是相互干扰的。

第二，在互联网和数字化时代，教育资源和知识的超时空的流通很大程度上解构了国家垄断教育和控制知识传播渠道的权力。目前阶段的全球化，其主要推动力是网络及软件。随着互联网的普及与进一步发展，全球的联系更紧密，信息传递更加畅通、快捷。世界在变小的同时，也在变得更扁平、更平坦，过去阻碍交流的各种壁垒正在被消除。信息的公布不再限于国家体制内的传播渠道，各种思想也通过新媒体随意地流转传播。近些年来，美欧凭借他们在网络和话语权方面的优势，掌握着舆论话题的设置权，同时也掌握着不同信息的流通速度和流通量。我们的许多青年在不知不觉中就接受了很多西方的文化和价值观，现在不仅有越来越多的人过西方节日，而且许多人在引用和使用概念时，信手拈来的常常是西方的观念。我在主编初中《思想品德》教材的过程中，有些青年教师选取案例时往往首先想到美国的案例，而我必须提醒他们改为中国的案例，因为这样的案例在中国也是比比皆是，并不缺失。这说明，他们平时看国外的书更多，接受西方的信息也越来越多。最近，我参加了一个关于环境保护和绿色经济的国际研讨会，有一个同行写的会议介绍观点明显受西方影响，即把环境问题的责任更多地推到发展中国家身上。环境保护是对的，但一定要认识到，西方历史和现实中都应该承担更多的责任和义务。由于更多地阅读了西方主导的信息，不假思考地就接受了西方设置的议题和观点，这是西方观点利用其信息传播的优势地位改变他国人民思想意识的自然结果。在当下这个时代，类似的现象绝不是孤立的事情，它们对青年的国家认同肯定有弱化的效应。

第三，在知识经济时代，创新教育和批判性思维成为教育不能忽视的内容，这在培养学生创新能力的同时，也可能消解国家的权威和神圣性。传统农业社会，知识主要是以经验的形态存在的，经验知识需要时间历练的积累，因此具有经验的老年人具有权威性，社会也表现为传统导向的特征。工业社会以大规模标准化批量生产为特征，知识以理论原理的形态存在，需要人们对知识的普遍性理解和普世性效应，另外分工和生产线也要求纪律和权威的存在。而当前的知识经济，是以智能技术和技术设计来创造财富和价值的时代，需求的个性差异和创新驱动已经成为知识经济的特征，为了表示自己跟上了时代的节拍，人们都试图通过对权威的怀疑来表达自己的独立性。在这种情况下，国家机构公信力的下降已经成为一个世界范围内的现象，各国元首、政府首脑和其他政治人物的民意支持率都很难提升到以往那样较高的地位。像过去那样一呼百应的领袖人物，已经失去了存在的土壤。由于过多的曝光率和信息破解了他们的神秘感，因距离而产生的魅力已经被解构，即使有些人有点超人的魅力，也会很快被到处流通的碎片化的信息或数据解构。国家领导人的魅力不再，其权威也受到多方嘲笑和质疑，这必然也会影响到国民对国家公信力的信念，从而动摇人们的国家认同。

国家认同面临着社会变化的挑战，而这个进程又是不可抗拒的。我们不能回避挑战，而只能根据变化了的时代积极迎战。

三、在新形势下如何完善国家认同教育

面对现代社会发展的新特征，我们必须认识和理解这些变化对教育及国家认同构成的新问题。只有在认识了问题本质的情况下，才能提出解决新问题的办法。一方面我们不能因"国际眼光"和"世界公民"的概念而天真地放弃国家认同教育的职责，另一方面我们也不能简单地延续过去的教育方式和方法。恰如英国学者鲍伯·杰索普所说，"在当前全球化的以知识为基础的经济当中，民族国家仍然重要，它不是正在消亡，而是正在被重新想象、重新设计、重新调整以回应挑战"①。基于此，我认

---

① ［英］鲍伯·杰索普：《重构国家、重新引导国家权力》，何子英译，载《求是学刊》，2007(04)。

为，我们必须根据变化着的时代来调整和重构我们的国家认同教育。

首先，必须把国家认同教育建立在先进的更具有世界历史意义的价值理念基础上，在全球化和理念"并置"且竞争的情况下，只有先进的价值理念才更具有感召力、吸引力和竞争力。在全球化时代，只有身在某国的国家认同还不够，还必须有作为一国公民应值得为之自豪和骄傲的理由，这才能奠定国家认同的内在的理想信念。正因如此，我们必须积极培育和践行社会主义核心价值观，并且把这种价值观置于推动人类社会进步发展的引领力量上。我们当然不能够像有些国家那样把自己的价值观强加在别人身上，但是毋庸置疑的是，社会主义核心价值观是我们党总结历史经验、汲取人类思想精华、立足中国实际、适应时代发展要求创造性地提出来的，因此，这样的价值观是先进的价值观，我们有必要充分发挥它在公民国家认同教育中的吸引力、影响力和感召力。

其次，必须把国家认同教育放在国家公民共性基础上，而不是单纯的族群认同上。这样的教育，才能对内团结各民族人民，凝聚国民共性和"我们感"；对外展示中国公民独特的国民气质和品格，形成中华民族的共同文化特征。中华民族特性使我们能够与其他民族相分殊，公民共性使我们成为有同一性的国民，这样就可以构建基于国民共同文化基础上的国家认同。我们的教育就是以主流价值观和文化范式塑造国民，让全体国民有同样的价值观、权利和义务的责任意识以及道德和行为规范。只有这样的教育，才能帮助人们——无论是汉族还是少数民族——形成共同的国家认同。

再次，必须把国家认同教育，与国民的自主自觉意识、公民参与国家公共生活的实践结合起来，这样形成的国家认同才是内在的可持续的认同。如果说过去纯粹的灌输还能够起作用的话，那么在全球化和网络化的现时代，任何认同教育必须引导自主自觉地理解和接受才能达成认同的实际效果，只有引导人们积极参与公民生活才能体验到归属感和爱国情怀。在此，我们必须反对两种倾向：一种是反对进行任何国家认同教育，一种是把国家认同教育等同并仅仅依靠学校教育。实际上，正如美国哲学家桑德尔所说的，"这种教育不仅在学校中，同时在公共生活中。公民德性不是天生的，而是需要通过学校和公共领域中的建制得到培养和发展"①。但是，另一方面，"公民德性不是从书本上可以得到的东西，而是需要通过亲身参与社会实践来得到"。国家认同是国民自豪感和爱国主义的情感，这种自豪感和爱国情怀需要教育，但必须与公民参与国家公共生活的实践教育和体验结合起来。国家认同的情感不可能通过强迫获得，只能依靠自觉意识和公民参与发展而来。

最后，必须改进和完善我们公民教育的叙事方式。我们过

---

① ［美］迈克尔·J. 桑德尔：《公民身份：面向世界的认同与表达》，王佳祺编译，载《社会科学报》，2007-06-07。

去往往单纯地讲了一些概念，如爱国、敬业、责任等，但没有很好地将这些概念和价值观融入我们知识教育的叙事之中。我们一直强调加强思想政治教育，但在完善思想政治教育的效果方面仍然有很多值得研究的地方，尚有很大的改善空间。我们要学会把价值观融入正常的生活叙事和知识叙事中去，而不是简单地重复主流价值观的概念本身。正像在北京"2013 学术前沿论坛"的一次演讲中一位向我提问的同学所说的，主流文化和社会主义核心价值观"也许就像盐一样"，它们应该渗透在"各种菜肴"——文化叙事和公民生活——之中，从而使菜肴味道更加美妙，而不是每次都把它们作为单纯的概念直接端出来让人们吞咽，因为这样做就类似于让人直接吃盐，味道未免太咸了！

第十三讲

优先发展教育事业与中华民族伟大复兴

在 2018 年 9 月召开的全国教育大会上，习近平总书记从新时代坚持和发展中国特色社会主义的战略高度，进一步强调和阐明了优先发展教育事业、加快教育现代化、建设教育强国的重大部署。中央的这一重大战略部署，是基于对人类社会发展特别是中国社会主义革命、建设、改革进程的规律性认识作出的，对于建设社会主义现代化强国、实现中华民族伟大复兴的中国梦的宏伟目标具有奠基性的意义。

教育乃国之大计、党之大计。教育兴则国家兴，教育强则国家强。教育兴旺发达了，才能为党的事业提供接续不断的智慧力量。中国特色社会主义进入新时代，这是我国发展新的历史方位。在新时代国际国内新形势下，面对不断深化改革和不断扩大开放的新格局，社会主义现代化建设、促进人的全面发展和社会全面进步对教育和学习提出了新的更高的要求。我们要抓住机遇、超前布局，以更高远的历史站位、更宽广的国际视野、更深邃的战略眼光，对加快推进教育现代化、建设教育强国作出总体部署和战略设计，坚持把优先发展教育事业作为推动党和国家各项事业发展的重要"先手棋"，不断使教育事业同党和国家事业发展要求相适应、同人民群众期待相契合、同我国综合国力和国际地位相匹配，为社会主义现代化建设和民族复兴中国梦的实现发挥更关键、更持续可靠的作用。

一、为社会发展提供源源不断的高素质人力资源

坚持优先发展教育事业，才能加快推进教育现代化，把我国从教育大国建设成为教育强国，从而为社会发展提供源源不断的高素质人力资源。历史的经验告诉我们，教育是民族振兴、社会进步的重要基石。地基牢靠了才能起摩天大厦，根基深厚了才能有根深叶茂的大树。基础不牢，地动山摇。国民素质的提高和各类人才的培养，基础还是在教育。教育通过知识和文化的传承创新，培养具备更高素养和能力的人才，从而达到塑造未来的历史性功能。社会发展的基础是生产力水平的提高，而生产力水平的提高最主要的是依靠掌握新知识和高技术的人才。新时代的教育承载着传播知识、传播思想、传播真理，塑造灵魂、塑造生命、塑造新人的时代重任。没有教育的先行一步，人的素质就不可能得到代际传承与提高；没有人的素质代际传承与提高，也就无法实现生产力水平的提高、社会的发展和文明的进步。由此可见，大力发展教育事业是功在当代、利在千秋的德政工程。只有优先发展教育事业，才能持续提高人民的综合素质、促进人的全面发展、增强中华民族创新创造活力，才能为建成社会主义现代化强国提供雄厚的人力资源。坚持优先发展教育，就要大力普及九年义务教育，积极发展职业教育和成人教育，开展多种形式的岗位和技术培训，稳步提升高等教育办学质量。坚持优先发展教育，就要遵循教育规律，实施全面素质教育，在尊重青少年个性基础上让每个人都得到尽可能全面的发展，以适应社会对各类人才的需要。人才是科技进步、经济社会发展和文化繁荣最重要的资源。生产力的提高，有赖于人的素质的提高。人力资源必须有足够的量，我们是人力资源大国，但"人才"的范畴本质上不是人的数量的增加，而是人的素养的提升；同样数量的人，具备不同的素质就会有不同的创造力和生产力。有了高素质的人，同样数量的人就可以干出不同样的事业来。目前，我国现代化建设的进程中，产业的更新、新业态的出现、产品质量的提升，在很大程度上取决于国民素质的提高和人才资源的开发。培养同社会主义现代化建设要求相适应的数以亿计高素质的劳动者和数以千万计的专门人才，发挥我国巨大人力资源的优势，把人力资源大国变成人力资源强国，关系到 21 世纪我国社会主义现代化强国建设目标实现的全局。要在全社会大力倡导尊师重教的风尚，通过发展教育普及科技知识，引导全体国民树立科学精神，掌握科学方法，鼓励创造发明，开展群众性科技活动，用科学战胜封建迷信和愚昧落后，反对各种伪科学活动，努力提高全民族的科学文化素质。优先发展教育，才能把我国从教育大国变成教育强国；只有教育强国才能真正提高全国人民的科学文化素质。优先发展教育，才能加快实现教育现代化；只有实现了教育现代化，才能实现人的现代化；只有实现了人的现代化，才能建成社会主义现代化强国。

二、为建成社会主义现代化强国提供可靠保障

坚持优先发展教育事业，才能加快实施"科教兴国"战略，以科技创新推动社会的创新发展，从而为建成社会主义现代化强国提供可靠保障。当前，以信息科学、信息技术、空间科学、人工智能、生命科学为主要标志的世界科技革命方兴未艾，"知识经济"已经大大改变了人类文明发展的历史进程，现代科学包括哲学社会科学给社会生产、社会交往和生活方式带来深刻变化。科学技术进步已经成为经济发展的决定性因素，国民思想文化素质和科学技术实力成为衡量一个国家综合国力强弱的重要标志，文化软实力已经成为国家影响力的重要组成部分。所有这些都需要教育事业的优先发展，都需要在教育领域下"先手棋"。世界各国特别是发达国家都在制定和实施面向 21 世纪的

发展战略，着力抢占科学发现、技术创新和产业升级的制高点。美国特朗普政府对中国展开贸易摩擦，目的就是遏制中国在科学技术和产业升级方面的发展势头，以便维持美国在科学技术和产业核心技术等方面的领先，维护自己在世界上的霸权。美国对中兴的惩罚措施以及对中国人才政策采取的压制手段，从另外一个角度让我们更加体会到科教兴国战略对综合国力竞争的关键意义。面对欧美发达国家在经济、科学技术与文化传播上占相对优势的压力，面对新时代我国经济社会发展中矛盾叠加的突出问题，我们必须从中国社会主义事业兴旺发达和中华民族伟大复兴宏伟目标的高度，充分认识实施科教兴国战略的重要性和紧迫性，这就要求我们坚持教育优先发展。坚持教育优先发展，既能够为实施"科教兴国"战略培养社会主义建设的各类有用人才，又能够直接参与技术创新和产业更新换代的研究工作。近些年来，我国高等教育加快了一流大学和一流学科建设步伐，持续不断地推进产、学、研协同创新，积极投身实施创新驱动发展战略，着重培养创新型、复合型、应用型人才，为国家科技竞争力作出了越来越大的贡献。坚持教育优先发展，就是要充分发挥教育在科教兴国战略中的先行作用，努力培植科教兴国的人力和智力基础。在当前，更要着重办好各级各类教育，为国家的近期发展和长期稳定发展打好坚实基础。我们不仅要加强基础教育，而且要实现平等、普惠的基础教育；不仅要办好普通教育，而且要办好职业教育，提高生产者对经济增长的贡献率；我们不仅要加强高等教育的办学质量，不断提高国民素质，注重人才的培养，而且要重视高等教育创造性的科研工作。为此，我们应该尽快地建立起高科技企业参与教育的机制，使科技产业和教育实现双向对流的相互促进功能，既能为当前社会经济发展提供各种手段，又能够为持续的、长远的发展提供必要的基础。今天的教育能够为经济社会发展提供知识、技术、文化、人才，从而提供促进当下社会发展的动力，同时也是未来社会发展进步的孕育基地。

三、满足新时代人民群众对美好生活的更高需求

坚持优先发展教育事业，才能真正坚持以人民为中心的立场，满足新时代人民群众对美好生活的更高需求。习近平总书记在党的十九大报告中指出，"中国特色社会主义进入新时代，我国社会主要矛盾已经转化为人民日益增长的美好生活需要和不平衡不充分的发展之间的矛盾。我国稳定解决了十几亿人的温饱问题，总体上实现小康，不久将全面建成小康社会，人民美好生活需要日益广泛，不仅对物质文化生活提出了更高要求，而且在民主、法治、公平、正义、安全、环境等方面的要求日益增长。"人民的温饱问题解决之后，人民的发展需要就逐渐上升到突出的地位。无论是提高文化品位，还是参与公共事务，都需要更高的科学文化素质，而提高全民的文化素质教育则是关键。可见，我国教育领域中发展的不平衡不充分问题，已经

成为满足人民日益增长的美好生活需要的主要制约因素。促进人的全面发展，就必须坚持优先发展教育事业，不断推进教育改革和教育创新，促进教育向更加公平、更加普惠、更高质量转变，推动教育从规模增长向质量提升转变，促进区域、城乡和各级各类教育均衡发展，以教育现代化支撑国家现代化。当下，坚持以人民为中心发展教育，就必须实现更高质量的教育公平，着力补上短板，夯实义务教育这个根基，强化农村特别是贫困地区控辍保学工作，完善城乡统一、重在农村的义务教育经费保障机制，着力改善乡村学校办学条件、提高教学质量，注重运用信息化手段使乡村获得更多优质教育资源，在提速降费、网络建设方面给予特别照顾。为什么我们必须加快补齐教育短板呢？这是因为，在社会主义制度下，人的发展不是少数人的特权，而是所有人自由而公平的发展，这就需要更加公平、更加普惠、更高质量的教育，才能满足人民对发展的需要，这正是教育均衡化的真谛。正因如此，习近平总书记特别强调，我们必须立足基本国情，遵循教育规律，坚持改革创新，以凝聚人心、完善人格、开发人力、培育人才、造福人民为工作目标，培养德智体美劳全面发展的社会主义建设者和接班人，加快推进教育现代化、建设教育强国、办好人民满意的教育。

四、为实现社会高质量发展提供新驱动

坚持优先发展教育事业，才能加快落实以创新为主导的新

发展理念，实现社会高质量的发展。改革开放以来，最初我们在坚持社会主义的基本原则的基础上更多的是靠学习和借鉴先进国家的发展经验，通过后发优势实现我们的快速发展。四十年的探索历程，中国特色社会主义道路取得了举世瞩目的成就，中国已经成为世界第二大经济体，并且进入中高收入水平的国家行列。下一步发展，我们当然还要继续学习其他国家的经验，但是必须转向自主创新发展的路径，发展到这个阶段我们已经不可能再主要靠学习借鉴别人来推动发展了，这就要靠教育的现代化促进科学技术创新能力的提升。这就是说，我们必须从过去主要靠学习借鉴他国经验发展自己，转变到以原始创新来发展自己的道路上来。与此同时，改革开放初期，我们往往通过生产要素量的扩展来驱动发展。当然，在一定的意义上，这个发展阶段也是无法超越的。但是，这种发展模式已经到了一个拐点，不能依照原来的模式继续维系下去了，必须转换发展方式。所有这些都需要教育优先发展来推动创新型人才的培养和激活科学技术创新的动力。实际上，创新在五大发展理念中具有牵引功能。创新、协调、绿色、开放、共享的发展理念，相互贯通、相互促进，是具有内在联系的集合体，反映了时代的声音、人民的意愿，对保持经济社会持续健康发展，对我们党和国家兴旺发达、长治久安，具有极其重要的指导意义。要解决好发展中的各种问题，就必须发挥人民群众的积极性、主动性、创造性，进行制度创新，这就需要教育先行一步，提高全体国民的科学文化素质，培养具有原创能力的人才。教育发展了，培养了高素质的国民，才可能真正实现社会高质量的发展。

五、为民族文化振兴和文化软实力的提升提供持久动力

坚持优先发展教育事业，才能加快推进教育现代化，把我国从教育大国建设成为教育强国，从而为民族文化振兴和文化软实力的提升提供持久动力。民族文化的振兴首先是民族自信心的恢复，民族文化的影响力要以民族文化的定力为基础。教育优先发展了，才能有教育自信。教育自信了，才能培养有民族文化自信的人。我们要坚持把服务中华民族伟大复兴、培养堪当民族复兴大任的时代新人作为教育的重要使命。这就需要我们努力构建德智体美劳全面培养的教育体系，形成更高水平的人才培养体系。民族的振兴是文化和价值观的崛起，这是一个民族道德的升华和影响力的历史性迸发。为了振兴民族文化，就必须把立德树人融入思想道德教育、文化知识教育、社会实践教育各环节，贯穿基础教育、职业教育、高等教育等各领域，让青少年认同伟大祖国、认同中华民族、认同社会主义和中国共产党的领导，坚定中国特色社会主义道路、理论、制度、文化自信。我们坚持扎根中国办教育，站立在九百六十多万平方千米的广袤土地上，吸吮着五千多年中华民族漫长奋斗积累的文化养分，拥有十四亿多中国人民聚合的磅礴之力，我们走中

国特色社会主义教育道路，具有无比广阔的时代舞台，具有无比深厚的历史底蕴，具有无比强大的前进定力，一定能够为国家发展和民族振兴作出重大贡献，在实现中华民族伟大复兴中发挥教育塑造未来的基础性作用。

总而言之，只有坚持优先发展教育事业，培养越来越多与新时代发展要求相适应、堪当民族复兴大任的时代新人，才能实现建设社会主义现代化强国的目标，才能为中华民族伟大复兴的伟业奠定最为坚实的基础。坚持优先发展教育，就是为民族的未来与希望奠基。

第十四讲

构建新时代中国特色社会主义教育理论体系

目前，世界正经历百年未有之大变局，中华民族伟大复兴的前景越来越清晰可见。伴随新时代中国特色社会主义事业发展，学术界正在推进新时代中国特色知识体系构建。其中，构建新时代中国特色社会主义教育理论体系是一项特别重要的任务，因为所有的知识体系都需要教育的传承发展，在这个意义上说，教育学科是具有基础性和贯通性的。可以说，构建新时代中国特色社会主义教育理论体系事关落实立德树人根本任务，事关各个学科中国知识体系的构建，事关中华文脉的发展与延续，事关我国科学技术的自主创新，事关实现中华民族伟大复兴、建成社会主义现代化强国的目标。因此，我们必须下大力气构建新时代中国特色社会主义教育理论体系，这需要我们基于新时代之问作出更多努力和探索。

一、基于新时代中国教育的实践

显然，新时代教育实践是基于中国特色社会主义实践且服务于中国特色社会主义实践的。因此，除了坚持中国特色社会主义教育道路之外，新时代教育实践的显著特点在于：首先，中国教育在追赶过程中有了迅猛发展，已经赶上了世界教育发展的潮流，我们逐渐从"跟跑"发展成为某些方面"并跑"甚至在个别领域"领跑"的阶段，中国教育在某些方面或领域已经有了较强的影响力；其次，在中国实现现代化的进程中，我们将西方教育的精华部分逐步纳入了我国的教育过程之中，可以说，对于国外的东西，我们已经消化并且将其不同程度地加以中国化了；最后，今天的中国是一个有 14 亿人口的大国，有着巨量的受教育人口和从事教育活动或职业的人口。从人文到社会科学、从知识传承到高科技、从民生到军事，我们的教育体系涉及方方面面。面对这样的体量，我们不能事事都按照别人的蓝图去做，必须按照自己的实际，基于自己的需要，规划自己发展的路径、教育铺开的路线图。正因如此，我们才提出了构建中国特色知识体系的问题，在教育科学中则必须构建新时代中国特色社会主义教育理论体系。

二、植根于中国传统教育思想和智慧

中国教育在世界范围内有重要的特点：一是具有历史上最早成体系的教育实践，而且有自觉的教育反思和总结，形成了有自身文明特点的教育体系；二是中国的教育绵延几千年而没有中断，有自己的基因连续性，传统教育智慧仍然存在于当代的教育实践之中；三是中国的教育有中华民族自身的特点，譬如，特别关注德育、强调"做人"，社会广泛重视子女的教育等。一个民族的教育发展，就像一个人的意识发展，必须把自身的状态作为出发点。没有出发点，就谈不上发展。人只有基于已有的理解结构才能理解新的问题，同样，一个国家的教育体系必须基于自己的教育现实才能发展新的教育。中华优秀传统文化和教育实践是我们教育发展的丰厚资源。只有扎根于自己的文化传统和教育传统，才能保持一个民族教育持续的生命力。植物根深才能叶茂，思想文化、知识体系亦是如此。

三、参照中国革命文化所孕育的教育思想和教育理念

中国共产党自成立以来，高举马克思主义旗帜，带领中国人民持续奋斗、不懈斗争，在民主革命、民族救亡和人民解放运动中不断切换革命主题，在各种意识形态的相互激荡和救中国方案的选择中，将马克思主义普遍原理与中国具体实际相结合，在开辟中国革命道路过程中，形成了与中国革命传统紧密

相关的教育理念和实践，这些理念和实践依然塑造着中国教育的进程。马克思主义给中国带来了时代性飞跃，不仅让中国人民真正实现了当家作主的愿望，还让中华民族重新走上了独立自主的发展道路，并且让中国迅速赶上了世界发展的潮流。新时代中国特色社会主义教育理论体系必须反映革命传统中发展起来的教育理念，这部分内容恰恰是新时代中国特色社会主义教育理论体系社会主义性质的重要基础。

四、汲取世界范围内最新的科学的先进成果

自古以来，中国就有丰富的教育思想和教育智慧，但是缺乏理论化的教育知识体系。因此，在构建新时代中国特色社会主义教育理论体系时，我们必须汲取世界教育理论的精华和方法。在吸收世界教育理论成果时，不能囫囵吞枣、食洋不化，而是要以我为主、精心选择，要注重吸收教育思想和智慧的精华，吸收新的研究教育的科学方法，要特别关注新科技革命特别是信息技术和人工智能的影响。在构建知识体系的方法论方面，我们还要认真学习、探索和汲取。马克思主义是当代中国特色哲学社会科学最根本的方法论，但要真正掌握马克思主义方法论的真谛，我们还要补一些课程。主要原因在于，在与现代西方知识体系接触之前，中国的知识大多处于经验形态。相比较而言，经验形态的知识有两个基本特点：一是教育效率比较低，往往是靠经验积累，在教育中体现为师傅带徒弟；二是

教育有效范围有限制，譬如，学木匠的不会铁匠活，反之也一样。理论形态的知识则是抽象原理式的，是普遍有效的，因而可以进行体系化教育，大大提高了教育的效率，扩大了教育的有效范围。正因如此，人们才常说："学好数理化，走遍天下都不怕。"理论形态的知识才能与现代社会规模化、系统化的教育相适应，这样的知识体系才能得到大规模普遍化的传播。而以往经验形态的教育是在实践活动中展开的，教育效果就是经验积累。要打造中国特色的教育，我们要超越原来的传统，走向现代化，而这就需要理论化、体系化，从而形成一种成系统的知识体系。譬如，马克思的《资本论》不是像空想社会主义者那样仅仅从道德的层次去批判资本主义，而是通过"商品"这个最基本最简单的概念，构成了一个科学的论证叙述方式，进而揭示了资本的本质与规律。今天，我们要构建的新时代中国特色社会主义教育理论体系，也必须是这样原理式甚至是能够演绎的体系，这才是可期的理想目标。

五、研究教育活动自身所蕴含的人的理论问题

正如马克思所说，以往的哲学只是解释世界，而问题在于改造世界。改造世界就是改造主体与客体之间的关系。但是，在教育实践活动中，我们遇到的却是特殊的主客体关系——主体与主体之间的关系，或者是互为主客体的关系。教师在教学活动中面对的不是绝对客观的对象，而是有自主意识、有自由

意志、有情感和创造性心灵的对象，而且随着年龄的增长，这种主体性越来越强烈、越来越具有自觉性。因此，在教育活动中，"教学相长"是个显著特点，有些学生会提出比教师更有创造力的想法，也就是说，教师能够激发学生提出有创造性的新想法，这是教育真正成功的确证。在这个意义上，教育不仅是知识传承的过程，而且是思想创新、知识创新的相互激励过程。

六、解决教育本身的内在结构和体系问题

全国教育大会指出，要努力构建德智体美劳全面培养的教育体系，形成更高水平的人才培养体系。这就是说，必须构建全面、系统、整体的教育体系，而不能简单突出某一个方面的教育，也不能分割地去进行某一方面的教育，只有全面、系统、整体地考虑德育、智育、体育、美育以及劳动教育，才能真正实现立德树人根本任务，实现教育的高质量发展。譬如，重申劳动教育的不可或缺性，这是非常有针对性的，也是非常及时的。

马克思主义认为，劳动创造了人本身。教育是培育人的活动，在其基础意义上，当然离不开作为人的活动的劳动。人在劳动中开启了把自己的主观目的或意志对象化的过程，以满足自己的生活需要，并且在这个过程中历史地让自己越来越成为人。为了实现自己的主观目的，人就必须探索客观世界，获得规律性知识。在这个过程之中，人不断积累经验、获得新知、提升能力。从一开始，人的劳动就是由主观意图、思想认识和

身体掌握工具进行的客观活动组成的，也就是说，人的劳动都是智力和体力的结合。随着人的认识水平和生产力的提高，体力劳动和智力劳动逐渐出现了分离现象，因而出现了体力劳动和脑力劳动之间的分工甚至异化。但是，从系统和整体的角度看，体力劳动和脑力劳动是不可分割的，观念性的活动也是需要客观活动支撑的。可以说，劳动教育是人类最初的教育，是人的全面发展和人格发展的基础。因此，每个人的成长都是离不开劳动环节的淬炼的。黑格尔在《精神现象学》中讲的"主奴辩证法"告诉我们，劳动对人提升自己的价值和力量具有历史的重要性：当主人把劳动全部推给奴隶时，也就必然把自己变成一无所长的多余者；而奴隶却在改变世界的劳动中获得了自信和不可或缺性。在今天，做家务本来是人保证自己生存能力的一部分，但我们的家长却大包大揽，目的是让孩子多点时间学习。然而，这却在无意中剥夺了孩子一个非常重要的学习途径。儿童在动手过程中发展着自己的智力及其他能力。缺少劳动教育，并不能让孩子在学业上有更大提升，反而会导致在人格和非智力因素上出现不足，难以塑造孩子良好的意志品质和责任意识。家长本意是爱孩子，但却在无意中害了孩子，让孩子成为一种"片面的人"。

尽管人类文明有了长足的发展，但劳动仍然是我们"学以成人"的基础性活动。动手能力对于德育、智育、体育、美育都有基础性和系统性的影响。首先，通过劳动教育，学生不仅强化了自己的生存能力，提高了生活品质，而且在对劳动的理解中，逐渐增强了做一个对家庭、对社会、对国家、对人类有用之人的责任感和使命感。其次，劳动教育对智育更是不可或缺的。实际上，进行科学研究和技术创新，都离不开劳动能力的因素。通过体力创造试验装备并通过操作仪器实现技术性介入，才能推动科学研究取得新进展。只用现成的设备，往往只能进行重复性实验。根据自己的想法创造或组装新的设备，才能进行开拓性、创新性试验和研究。最后，美育和体育与劳动的关系也非常密切。在劳动创造中，人们才能真正发现美、创造美、欣赏美；在创造性的劳动中，人们不仅得到体力的磨砺，而且能真正体悟到身体健康的重要性。劳动教育如此重要，必须把劳动教育融入思想道德教育、文化知识教育、社会实践教育各环节，贯穿基础教育、职业教育、高等教育各领域，在设计学科体系、教学体系、教材体系、管理体系时，必须给劳动教育留有空间。在教育体系中，劳动教育是目前的一个短板，我们补上这个短板，才能构建现代化的教育体系。在这个过程中，我们必须尊重教育对象的完整性、同一性，让其在发展生成过程中仍然保持一个自由而全面发展的人格，这需要我们持续进行探索与研究。

总之，教育是一个非常复杂的过程，建立一种基于历史传统、教育实践的开放性理论体系，才能真正构建符合时代需要的新时代中国特色社会主义教育理论体系。

第十五讲

培养堪当民族复兴大任的时代新人

　　近日，教育部组织编写的《习近平总书记教育重要论述讲义》(以下简称《讲义》)正式出版发行，为教育界广大师生学习领会习近平总书记关于教育的重要论述提供了基本的遵循。《讲义》以习近平总书记一系列讲话、回信、批示等为依据，以全面系统的梳理、权威准确的表述、生动活泼的语言，阐释了习近平新时代中国特色社会主义思想在教育领域中的理论体现，是一本从教育问题的视角理解习近平新时代中国特色社会主义思想精神实质的好教材。《讲义》立足原文进行系统叙述，思想内容丰富、观点深入浅出，可以在多方面给我们启迪。本文仅就培养堪当民族复兴大任的时代新人谈谈体会。

一、培养时代新人是新时代对教育提出的必然要求

人类进入现代社会，社会和教育之间的相互作用、相互塑造的关系日渐显著。社会发展必定给教育提出新的要求，而教育又须以前瞻性的理念培养人才并且引导社会的发展。目前，中国教育需要回应的时代问题：一方面是世界面临百年未有之大变局，中国应该如何应对；另一方面是中华民族伟大复兴目标的实现，教育应该发挥怎么样的作用。

冷战结束之后，世界进入经济全球化发展的进程。以美国为首的西方集团以冷战胜利者自居，傲慢地认为历史已经"终结"，欧美的制度就是人类应然的制度形态，美国就是人间理想的"山巅之城"，是世界秩序的"灯塔"，西方人的观点就应该是人类的"共识"，西方的价值观必定是"普世价值"。在这种优越感的支配之下，西方希望把全球都纳入它们中心支配边缘的世界体系。西方人踌躇满志地构建世界贸易秩序，试图一劳永逸地保持世界产业价值链的控制权。然而，历史发展的客观辩证法却并未按照西方人的主观意志而展开。短短几十年的工夫，人类历史进程就动摇了西方人的迷梦，开启了百年未有之大变局。这个变局有哪些重要的表现呢？

首先，伴随着发展中国家特别是亚太新兴产业国家的兴起，西方经济地位相对衰落，世界产业重心和世界格局发生重大变化。西方人为让自身置身于产业价值链的顶端，凭借资本的优

势力量和技术上的垄断，将许多低端产业转移到发展中国家。西方的这种产业转移，不仅可以通过不平等的贸易规则获取超额利润，而且还可以把发展中国家作为逐渐扩大的商品市场。然而，让西方人始料不及的是，欧美国家出现了产业"空心化"现象，发展中国家在参与经济全球化过程中崛起了一批新兴产业国家。最初有新加坡、韩国以及东盟国家，接着就是中国和印度这种新兴大国的崛起。这些国家不仅证明了自己的产业能力，而且也在不断提升自己在产业价值链中的地位。按照黑格尔《精神现象学》的说法，生产者才是历史的积极力量，而依赖别人的劳动成果而生存的人会成为历史的消极力量。西方人在享受不平等贸易规则的同时，也在丧失自己的生产能力，产业的空心化就是结果。2008年美国金融海啸造成的世界性经济危机，更暴露了西方经济实力的相对衰落。[①] 面对危机，所谓传统工业大国的"G7"已经无力随心所欲应对世界问题了，"G20"的出现则彰显了发展中国家在世界治理体系中的崛起。在抵挡金融海啸冲击的过程中，中国等发展中国家发挥了重要的作用。然而，当美国在经济危机中稍有好转，西方就开始着手压制东方的崛起，因为他们开始担忧"他者的崛起"和"西方的消失"。

---

① 正如美国学者格雷戈尔·欧文指出的，"2008—2009年的经济和金融危机就是起源于也是集中发生于跨大西洋经济体，并损害了西方自由经济的名声，却增加了非传统的政府主导的典范的吸引力，特别是中国。同时，中国以自身的经济成功来增强其政治影响力。"参见[美]格雷戈尔·欧文：《发挥跨大西洋贸易与投资关系协定的战略潜力》(下)，刘晓西译，载《国外社会科学文摘》，2017(01)。

就如德国《星期日法兰克福汇报》前驻华记者马库斯·西蒙斯指出的，西方的所作所为让人们突然发现，"西方在全球化和现代化方面保持信心必须要有一个先决条件：北美和西欧等西方核心地区必须保持科技上的领先地位。一旦在相互依存的一体化世界中发生了意料之外的事情，即西方全球化体系的非西方参与者开始超越其发起者，西方就会考虑彻底抛弃它所倡导的全球化"①。西方从积极启动经济全球化，到对经济全球化感到忧虑，这就是世界大变局在西方人心理上表现出的症候。

其次，西方国家干涉发展中国家的内政造成了对欧美社会的反噬。苏联的解体让西方失去了制衡力量，在所谓"人权高于主权"的"新干涉主义"推动下，欧美国家公然违反国际法，不断干涉他国内政，到处煽动"颜色革命"，甚至直接用武力颠覆他国政权，造成许多区域战乱不断，大量难民涌向欧洲。难民问题不仅给西方社会造成了极大压力，而且也助长了欧美内部民粹主义的崛起，特朗普就是在这种势力推动下打着建"边界墙"的反移民旗号入主白宫的。民粹主义不仅不能解决西方存在的问题，反而进一步激化了欧美社会的内部矛盾，也暴露了西方价值观的虚伪性。与此同时，民粹主义和保护主义也造成了全球贸易和产业链的动荡。特朗普的"美国优先"可以说把全世界变成敌人，同时发动对中国、墨西哥、欧洲及其他贸易伙伴的

---

① ［德］马库斯·西蒙斯：《中美"脱钩"将使世界一分为二》，载《参考消息》，2020-05-27。

多场贸易战，这不仅引发中美之间的贸易摩擦，而且也造成了西方集团内部的矛盾和裂痕。① 西方国家开始从自诩的道德制高点上跌落下来，甚至美国许多政要公开成为以邻为壑的丛林原则主张者。美国《华盛顿邮报》网站 2019 年 2 月 11 日报道，根据皮尤研究中心公布最新调查结果，全世界认为他们的国家受到特朗普领导下的美国力量和影响力威胁的人，远远多于认为受到其他全球大国（俄罗斯或中国）威胁的人。②

最后，中国特色社会主义道路造就的"中国奇迹"是百年未有之大变局的主要动因和重要体现。改革开放以来，中国共产党带领中国人民开创的中国道路获得了巨大的成功，无论是从规模还是速度上，中国的发展都是史无前例的。中国没有照搬西方的模式，更没有进行自我否定的"休克疗法"，而是摸着中国实际中作为中国问题的"石头"走出成功的道路，得以顺利"过河"。中国的成功不仅因中国人口、幅员的体量让西方人感受到压力，而且因中国特有的文明和制度而让西方人感到恐惧。中国的成功不仅意味着中国文化和中华文明的韧性、中国特色社会主义制度的优越性，而且也意味着西方优越论的破产。美国等某些势力对中国的攻击，不是因为中国做错

---

① 美国学者科茨指出："2018 年，正是特朗普的右翼民族主义意识形态导致了侵略性的贸易行动，不仅是针对中国，还有墨西哥、加拿大、欧盟和日本。"参见［美］大卫·科茨：《中美贸易冲突产生的根源及可能的前景》，宋朝龙译，载《国外理论动态》，2020(01)。

② 《民调显示：多数人视美为全球最主要威胁》，载《参考消息》，2019-02-13。

了什么，而是因为中国做得太好了。中国如果一直处于贫弱状态，西方完全能够以某种优越心理容忍中国的差异性存在。问题是，西方人发现原有的世界秩序迅速变化，一个新世界即将产生，西方担心塑造这个新世界的力量不是西方能够控制的。

改革开放以来，中国走出了一条成功的道路，迅速赶上了世界发展的潮流，中华民族伟大复兴中国梦的前景从来没有像今天这样离目标那么近。但是，中华民族的伟大复兴既不是当下的现实或完成式，也不具有自然命定成真的必然性。我们不可能轻轻松松地等来梦想成真，世界历史不能靠概念的演绎而推进，必须有一代代中华儿女艰苦卓绝的持续奋斗，才能实现建成社会主义现代化强国的目标。而国家的现代化，本质上是人的现代化。培养现代化的人，即培养堪当民族复兴大任的时代新人就成为新时代教育的使命和任务。

培养堪当民族复兴大任的时代新人，首先是时代发展的现实需要。中国特色社会主义进入新时代，这标志着中国迎来了从站起来、富起来到强起来的飞跃。作为文明古国，中国一直与周边的世界密切互动，而且还有郑和下西洋的辉煌历史，但因统治者的颟顸无知和闭关锁国，让中国放慢了发展的步伐，成为近代的落伍者。1840年以来，振兴中华的梦想就萦绕着一代代中华儿女，成为推动中华儿女前赴后继持续奋斗的不竭动力。我们曾经试图"师夷长技以制夷"；我们也曾经向西方学习，也曾经以苏联为师；改革开放以来，我们也虚心学习发达国家的先进科学技术和管理经验。总体上说，近代以来，我们是世界历史的"跟跑者"，尽管我们在学习他人的时候也或多或少地根据中国的情况加以有特色的改变。在某种意义上说，我们能够很快跟上来，的确有某种"后发优势"的因素，跟着别人后边跑可以学习别人的长处、避免别人的失误。但是，当我们开始跑得离别人越来越近，似乎有点"并跑"甚至有时"领跑"的时候，我们靠什么来保持我们的发展速度呢？中华民族伟大复兴，不能仅仅依靠学习借鉴别人就能够实现。尽管任何时候我们都愿意学习借鉴别人的优长，但是，要真正实现中华民族伟大复兴，必须依靠民族自主创新能力。这就要求我们必须培养新一代有"领跑"能力的创新型人才。可见，培养堪当民族复兴大任的时代新人，是中华民族伟大复兴的时代要求。

培养堪当民族复兴大任的时代新人，其次是大国博弈和国际竞争的迫切要求。冷战结束之后不久，美国就开始把遏制的目标转向中国，只不过是因为"9·11"事件打乱了美国人的节奏而已。即使在美国应对恐怖主义的时候，也没有忘记中国。美国人的思维就是霸权思维，我们不要对之抱有幻想。美国国际关系学者约翰·米尔斯海默早在 2001 年写的《大国政治的悲剧》中就公开提出："中国将比 20 世纪美国面临的任何一个潜在霸权国都更强大、更危险。"鉴于 21 世纪初中国的实力，他为美国支招："中国离有足够能力成为地区霸主的那一刻还很遥远。美国要扭转这一进程，想办法延缓中国崛起还为时不晚"。① 哈佛教授格雷厄姆·艾利森也认为，由于"从未见过世界上出现像中国这样造成全球力量平衡发生如此快速度的结构性变化"，而"对于那些在'美国即世界第一'的世界里长大的美国人来说……中国取代美国成为世界最大经济体是不可想象的"。因此，尽管"战争并非不可避免"，但是"就目前的态势而言，美国和中国在未来发生战争不仅是有可能的问题，而且很可能比目前所认识到的可能性更大"。② 显然，美国的霸道，看不得别人好。美国所要的不是什么"自由秩序"，而是统治全球的霸权逻辑。实际上，2010 年，中国超过日本成为全球第二大经济体后，美国就开始遏制中国，奥巴马政府推出"亚太再平衡"和排除中国的"跨太平洋伙伴关系协定"(TPP)。特朗普上台后，美国当局不断出台针对中国的战略：2017 年 12 月 18 日，发布《国家安全战略报告》，明确提出中国是"战略对手"；2018 年 1月，美国防战略报告发布，明确把中国和俄罗斯视为头号威胁和战略竞争对手；2019 年 5 月 20 日，白宫和美国国防部官网均发布 16 页篇幅的《美国对华战略方针》报告，整个报告完全聚

① ［美］约翰·米尔斯海默：《大国政治的悲剧》，王义桅、唐小松译，上海，上海人民出版社，2008 年，420～421 页。

② ［美］格雷厄姆·艾利森：《注定一战：中美能避免修昔底德陷阱吗？》，陈定定、傅强译，上海，上海人民出版社，2019 年，7、22、8 页。

焦中国，没有提及其他国家；2019 年 7 月 18 日，美国国防部长埃斯珀："我们正处于大国竞争时代。这意味着我们的首要战略竞争对手是中国，然后是俄罗斯"，"但中国的麻烦更大，因为中国有足够的人口和足够大的经济体来取代美国"；2020 年，尤其是新冠肺炎疫情以来，以白宫为核心，从白宫国家安全顾问、联邦调查局局长、司法部部长到国务卿，美国高官一连四场反华演说，特朗普政府的反华形象逐步成形。就美国打压华为的问题，马来西亚前总理马哈蒂尔就指出："我知道华为公司在技术上已经大幅领先美国"，"美国在过去有很强的研究和开发能力，但是他们必须接受东方国家也有这个能力的事实"。问题在于，"美国想要一个永远领先的局面，如果我（美国）不领先，我就制裁你，就派军舰去你的国家，这不是竞争，这是威胁，这不是应该使用的办法"[①]。如果讲道理，那就不是美国了。正如美国前国家安全顾问布热津斯基承认的，"美国虽然宣称全球化可以给全球带来共同利益，但它大都是在对自身利益有利时才会尊重全球化的规则"[②]。由此看来，我们必须放弃幻想，培养能够站稳国家立场，具有在国际舞台上有竞争力和斗争韧性的人才，才能应对霸权主义的打压。只有培养一代代堪

---

① 郭伟民、郑璇：《马哈蒂尔：我们将尽可能多地用华为》，载《环球时报》，2019-05-31。

② ［美］布热津斯基：《大抉择：美国站在十字路口》，王振西主译，北京，新华出版社，2005 年，47 页。

当民族复兴大任的时代新人，才能赢得国际竞争，为中华民族复兴排除各种阻力。

　　培养堪当民族复兴大任的时代新人，最后是产业革命和知识形态演进的必然要求。人类与动物不是单纯的自然和生物力量的区别，人跑不如马、力不如牛、利爪不如虎，但人却有超越马、牛、虎及其他动物的优长，那就是基于实践产生的智慧和知识。弗朗西斯·培根曾经说，知识就是力量。人的能力差别主要是知识的差别。不同时代的知识也具有不同的范式和形态，不同国家如果处于发展的不同阶段，那是因为知识发展处在不同的阶段。唯有具备时代水准的教育，才能把人的素质提升到时代要求的层次。正如马克思指出的，"为改变一般人的本性，使它获得一定的劳动部门的技能和技巧，成为发达的和专门的劳动力，就要有一定的教育和训练。"[①]教育的功能是传递文明和创新知识，但这都需要通过培养支撑社会发展的人才加以实现，提升人的素质的重要途径就是教育。目前，正如美国加州大学圣巴巴拉分校社会学教授威廉·I. 罗宾逊指出的，"数字化核心是一场新的技术发展浪潮，它将我们带到了'第四次工业革命'（4th Industrial Revolution）的边缘，这场革命的基础是机器人技术、3D 打印、物联网（the internet of things）、人工智能（AI）和机器学习、生物和纳米技术、量子和云计算、新

---

① 《马克思恩格斯文集》（第 5 卷），北京，人民出版社，2009 年，200 页。

形式的能源储存，以及自动驾驶车辆。"①这就预示着，现代社会的人才需要现代化的教育来支撑。就此，习近平总书记在同北京师范大学师生代表座谈时指出："当今世界的综合国力竞争，说到底是人才竞争，人才越来越成为推动经济社会发展的战略性资源，教育的基础性、先导性、全局性地位和作用愈加突显。"②正如东汉思想家王充在《论衡·实知》中提出"人才有高下，知物由学"。既然要培养堪当民族复兴大任的时代新人，就必须优先发展教育事业，下"先手棋"，培养在科学技术和产业革命中能够起领先作用的创新型和创造性人才。可喜的是，中国在教育和研发方面进行了大量投资，并卓有成效。2017年，中国研发投入排名世界第二，专利申请量排名世界第一。一些中国企业，在关键产品上采用的本国技术，已经达到了世界技术前沿水平。但是，我们在许多方面，如基础理论、关键技术的开发等，与世界领先水平仍然存在很大的差距，必须通过培养更多的创新型人才，才能跃升为科技革命的引领者。

二、时代新人应该有怎样的基本素养

国际国内的形势和科学技术革命都要求我们优先发展教育，

---

① ［美］威廉·I. 罗宾逊：《下一次经济危机：数字资本主义与全球警察国家》，赵开译，载《吉首大学学报》，2020(02)。

② 习近平：《做党和人民满意的好老师——同北京师范大学师生代表座谈时的讲话》，载《人民日报》，2014-09-10。

建立更高水平的人才培养体系，加快培养堪当民族复兴大任的时代新人的进程。那么，堪当民族复兴大任的时代新人应该具备什么样的素养或特质呢？

第一，担当民族复兴大任的时代新人必须具备坚定的理想信念，应该是怀有远大志向的追梦人。作为未来社会的栋梁，教育的重中之重是让青少年以坚定的理想信念筑牢精神之基。人的理想境界有多大，他人生的视野和舞台也就有多大。理想引导着每个人的人生发展之路。这就要求我们引导青少年逐渐树立共产主义远大理想和中国特色社会主义共同理想，使他们以更高远的志向和境界投身未来的人生之路。

第二，担当民族复兴大任的时代新人必须具有深厚的家国情怀，应该是把自己的前途命运自觉融入国家发展大势之中的爱国者。1949 年前的近代中国与现在的阿富汗、伊拉克、利比亚、叙利亚都证明了"覆巢之下安有完卵"的道理。欧美人从未忘记他们的国家利益，如英国学者杰索普指出的，"在当前全球化的以知识为基础的经济当中，民族国家仍然重要，它不是正在消亡，而是正在被重新想象、重新设计、重新调整以回应挑战……"①国强才能民安。国家强大了，人民才有幸福和尊严。在历史进程中，只有把自己的前途和命运与国家和民族的前途命运紧密联系起来，才能在历史发展的大势中找到自己的位置，

———————————

① ［英］鲍伯·杰索普：《重构国家、重新引导国家权力》，何子英译，载《求是学刊》，2007(04)。

实现自己的人生价值。在风云变幻、日趋复杂的国际背景下，唯有深植爱国情感和坚定国家立场，才能在百舸争流的国际环境中站稳脚跟、奋发图强。当今，美国人已经撕去虚伪的价值观伪装，赤裸裸地动用经济、外交、情报、金融甚至军事威胁等手段，不断在南海、台湾、香港、新疆等问题上煽风点火，给中国制造麻烦，企图全方位遏制中国经济社会的正常发展进程，将中国压制回比较落后的状态，以便保持美国独霸世界的野心。当代中国青少年必须看清国际竞争大势，坚定"四个自信"和爱国主义立场，发奋学习、增进才智，立志将自己的爱国情、强国志、报国行投入未来中华民族伟大复兴的千秋伟业之中。

第三，担当民族复兴大任的时代新人必须怀有高远的道德情操，应该是有大爱、大德、大情怀的人。人无德不立。马克思主义认为，人不是抽象的个体，而是社会关系的总和。而社会和人际关系不仅有其经济基础，也是一种伦理关系。只有通过相互学习与合作，人们才能获得成功。社会学家涂尔干指出："职业伦理越发达，它们的作用越先进，职业群体自身的组织就越稳定、越合理。"①唯有具备良好的美德、自觉遵循道德规范，才能建立良好的人际合作关系。譬如，市场经济是一种商标品牌经济，而品牌的市场份额是由其质量所体现的道德承诺决定

---

① ［法］爱弥尔·涂尔干：《职业伦理与公民道德》，渠东、付德根译，上海，上海人民出版社，2001年，10页。

的，人们信任某种商品品牌，就是信任这种品牌所体现的质量品质。因此，做一个有道德的人，不仅是为了社会的和谐，也是自身发展的最有价值的资源。"坚持在继承传统中创新发展，自觉传承中华传统美德，继承我们党领导人民在长期实践中形成的优良传统和革命道德，适应新时代改革开放和社会主义市场经济发展要求，积极推动创造性转化、创新性发展"[1]，不断增强道德教育的时代性、实效性，引导青少年立足日常生活，注重诚信守诺，在成长中学会合作、学会感恩、学会宽容、学会助人、学会自律，自觉践行社会主义核心价值观，成为有大爱、大德、大情怀的时代新人。

第四，担当民族复兴大任的时代新人必须掌握先进的科学技术，应该是具备扎实知识和技能的创新型人才。人类的知识与技术加速发展的态势越来越明显，特别是以信息技术和人工智能为引领的新科学技术革命，不仅促成了一波又一波的产业革命，而且也让人类的认识能力获得更多的助力和推动。在这种情况下，谁掌握知识生产的主导权，谁就控制着产业价值链的主导权。美国的科技霸凌主义告诉我们，必须把核心关键技术掌握在自己手中，才能保持经济和科技的自主权。我们必须培养越来越多活跃在知识生产前沿的创新型科技人才，才能保持经济社会稳定快速发展的基本态势，不断推进民族复兴的伟

---

[1] 《新时代公民道德建设实施纲要》，北京，人民出版社，2019 年，4 页。

业。与此同时，新的科技革命和产业革命都对从业者的知识、技能、素质提出了更高的要求，提高了从业者的入门门槛。另外，由于科学技术的发展，产业发展的颠覆性变化也日益凸显，人们必须根据时代的变化，不断学习新知识、新技能，才能适应新科技革命和产业发展的要求。教育必须适应社会对创新型人才和所有人都必须终身学习的要求，不断提升国民的科技素养和知识技能。

第五，担当民族复兴大任的时代新人必须具有坚韧不拔的奋斗精神，应该是自强不息、刚健有为的奋斗者。无论古今，成功不仅依赖人的能力，而且更需要坚韧不拔的意志和奋斗精神。我国改革开放以来取得的成就，不是来自任何他国的恩赐，也不是来自什么"运气"。中国综合国力的迅速提升，是全体中国人民艰苦奋斗的结果，凝聚着亿万劳动者和科技人员的汗水和心血。习近平总书记多次说，幸福不是毛毛雨，幸福不能靠天上掉馅饼，幸福是奋斗出来的。如果下一代青少年失去了奋斗精神，出现"未富先懒"的状态，那么不仅不能实现国家富强、民族振兴、人民幸福的目标，而且连已经获得的成就都可能付之东流。面对日趋激烈的国际竞争，尤其是美国霸凌主义的打压，我们更需要教育青少年坚定民族自信和必胜意志，树立为实现民族复兴目标敢于战胜任何险阻的奋斗精神，热爱劳动、勤于工作、善于创造，在为实现中华民族伟大复兴的奋斗中，创造辉煌业绩，展示精彩人生。《易经》说，"天行健，君子以自强不息"。因此，教育应该引导青少年乐观向上、积极进取，成为成功的追梦人、幸福的奋斗者。

担当民族复兴大任的时代新人，第六，必须具备良好的综合素质，他们应该是中国特色社会主义事业的有用人才，是德智体美劳全面发展的社会主义建设者和接班人。一方面，从以人为本的价值取向看，每个人的生活都应该活出精彩，人人都应该成为全面发展的人；另一方面，人的能力是综合素质的反映，只有德智体美劳全面发展的人才能更好地适应时代变化、引领社会发展。道德是人的素质的灵魂，美德是人生高尚的标尺；知识与智慧是人的素质的创造性之源，精神的灵性是最美的宇宙之花；身体是人的素质的载体，强健的体质是人生一切美好生活的基础。从哲学的观点看，身体健康是实体要素，而生活、学习、工作都是功能要素，身体好，才能生活好、学习好、工作好；审美趣味是人的素质的文明体现，美往往是美德和高尚心灵的重要源泉；劳动创造了人，劳动仍然是人的素质提升和文明进步的基础和主要推动力。因此，新时代的有用人才，应该是综合素质过硬、德智体美劳全面发展的人。这就需要重申"健康第一"的理念，没有好的身体就不可能有其他素质的全面发展，在这个意义上说，健康是最硬的道理。劳动教育可以说是人类最初的教育，劳动通过几百万年的历史创造了文明和人本身，劳动仍然支撑着现代人的素养的淬炼；只有通过劳动才能塑造美丽世界、创造美好生活。

改革开放以来，中国迅速发展并且取得了骄人成绩，除了其他因素之外，教育为社会提供了源源不断的高素质人才和劳动大军也是一个重要的原因。为了实现中华民族伟大复兴，未来的人才和劳动者需要具有更高的政治和道德素养、更高远的理想、更加广阔的国际视野、更为坚定的创业意志和奋斗精神、更高的知识技能素质和创新能力，才能担当起这个历史重任。教育必须研究和弄清担当民族复兴大任的时代新人所需的素质和应有的特质，回答时代之问，才能完成自己的历史使命。

三、培养时代新人必须着眼于立德树人根本任务

堪当民族复兴大任的时代新人应该具备的素养，也就为各级各类教育培养什么人、怎样培育人、为谁培育人作了明确的规定。担当民族复兴大任的人，应该是在德智体美劳各方面的素质都全面发展的社会主义建设者和接班人。

首先，必须充分贯彻落实新时代党的教育方针，坚持把立德树人作为根本任务。学校是培养人才的场所，既要教学，更要育人。育人就是培养德智体美劳全面发展的社会主义建设者和接班人，也就是培养中国特色社会主义事业的有用人才。各级各类学校都要把立德树人作为标准或尺子来衡量学校一切工作的成效。因为"德"是综合素质的灵魂或统帅，"才者，德之资也；德者，才之帅也"。

其次，必须在培养社会主义建设者和接班人上下功夫，确实提高青少年的综合素质。这就要求各级各类学校都要根据自己的特色和条件，深入研究问题，不断改革教育理念、创新教育模式、完善教育方法，增进教育的针对性和实效性，下功夫在坚定学生的理想信念、厚植学生的爱国主义情怀、加强学生的品德修养、增进学生的知识见识、培养学生的奋斗精神、增强学生的综合素质上做出成效。在这方面，教育界已经取得很多成绩和经验，但仍然有很大的提升空间。我们必须进一步注重德育的实效，提升智育的水平和质量，强化体育锻炼，增强美育熏陶，加强劳动教育和体验。为此，就要从根本上改变只重智育的现象，把体育也放在重要的位置上，开齐开足体育课，帮助学生在体育锻炼中享受乐趣、增强体质、健全人格、锤炼意志。另外，要加强美育熏陶的升华功能，让学生通过审美活动学会用美好的眼光去审视一切，以高雅的趣味提升人生的品位。我们还必须补上劳动教育的短板。在学生中大力弘扬劳动精神，教育引导他们崇尚劳动、尊重劳动，懂得劳动最光荣、劳动最崇高、劳动最伟大、劳动最美丽的道理，让他们成为将来乐于辛勤劳动、甘于诚实劳动、善于创造性劳动的有用人才。即使知识学习，我们也不要以考试成绩作为唯一的衡量标准，要在学习中让学生的想象力和创造力得到更多的激发。只有这样才能真正提高学生的综合素质。

再次，必须把培养和践行社会主义核心价值观融入国民教育体系，强化教育的价值引领作用。中国在近代为什么衰落？究其原因，价值观的沉沦是一个原因。中国曾经是文明古国，这不仅让当时的中国人感到骄傲与自豪，而且也对周边四邻有广泛的吸引力和感召力。但是，近代的停滞造成思想上的落后，从而导致国家的衰败。欧洲有个传言，说拿破仑说过"中国是一头睡狮"，无论拿破仑是否说过，但欧洲人说拿破仑说过已经有200多年了。难道中国人都真的睡着了吗？不是。每个中国人都是清醒的、勤奋的，但却缺乏凝聚国人共同价值观。中国人缺乏国家意识，处于一盘散沙的状态。也就是说，每个中国人都是醒着的，但是作为国家却是一头睡狮。这就是近代中国在列强面前败下阵来的重要原因之一。中国在当代的崛起，实际上也是价值观的崛起。正如习近平总书记指出的，"社会主义核心价值观是当代中国精神的集中体现，凝结着全体人民共同的价值追求。"因此，培养担当民族复兴大任的时代新人，各级各类教育都应该"强化教育引导、实践养成、制度保障，发挥社会主义核心价值观对国民教育、精神文明创建、精神文化创作生产传播的引领作用"，把社会主义核心价值观融入教育过程，转化为青少年的"情感认同和行为习惯"[1]。强化教育引导，就要把社会主义核心价值观融入教材、课堂教学之中，让教育始终

----

① 习近平：《决胜全面建成小康社会 夺取新时代中国特色社会主义伟大胜利——在中国共产党第十九次全国代表大会上的报告》，北京，人民出版社，2017年，42页。

遵循正确的价值导向；强化实践养成，就要坚持教育与生产劳动和社会实践相结合，克服以往存在的唯分数、唯升学、唯文凭、唯论文、唯帽子的顽症痼疾，让学生在实际社会和实践活动中，把社会主义核心价值观内化为才识和素质；强化制度保障，就要按照社会主义核心价值观的基本要求，健全学校各种制度和学生守则，建立和规范各种礼仪，让青少年在日常生活中接受主流价值，增强国家认同感和文化归属感，在潜移默化的过程中成为"社会主义核心价值观的坚定信仰者、积极传播者、模范践行者"①。

最后，必须加快教育改革创新，提高教育质量，形成更高水平的现代化教育体系，满足国家经济社会发展和人民群众对教育日益增长的新需求。进入新时代，一方面科技创新引领社会发展的作用更加凸显，国家对能够进行知识和技术创新的卓越人才的渴求更加急迫，必须加快培养和聚集更多创新拔尖人才；另一方面，人民对更加公平、更高质量、更加适应人的多样性发展的教育期待也更高了。必须把教育放在优先发展的位置，下"先手棋"。改革开放初期，在非常困难的情况下，邓小平同志高瞻远瞩地说："我们要千方百计，在别的方面忍耐一些，甚至于牺牲一点速度，把教育问题解决好。"②现在，我们的综合国力有了较大提升，就更应该强化对教育事业的保障。

---

① 《习近平谈治国理政》(第 2 卷)，377 页，北京，外文出版社，2017 年。
② 《邓小平文选》(第三卷)，275 页，北京，人民出版社，1993。

教育是事关未来的事业，我们必须从民族振兴、国家发展的战略高度，坚持科教兴国、人才强国战略、坚持优先发展教育，持续解决教育存在的不平衡不充分问题，形成有中国特色、世界水准的更高质量的教育体系，加快推进教育现代化，为早日建成社会主义现代化强国培养足够的人才。总之，教育是塑造未来的事业。学校是打造未来建成社会主义现代化强国、实现中华民族伟大复兴中国梦的人才"梦之队"的基地。培养堪当民族复兴大任的时代新人是教育的神圣使命，也是每一个教育者的历史责任。必须有更高水平的教育，才能支撑民族复兴的伟业。新时代需要教育有更高水平的跃升，这是全国人民的期待，也是能否圆梦民族复兴大业的希望之所在。

图书在版编目(CIP)数据

教材 15 讲/韩震著 . 一北京：北京师范大学出版社， 2023.5
ISBN 978-7-303-29114-4

Ⅰ.①教… Ⅱ.①韩… Ⅲ.①教材－研究 Ⅳ.①G423.3

中国版本图书馆 CIP 数据核字（2023）第 079693 号

教材 15 讲

JIAOCAI 15 JIANG

韩 震 著

策划编辑：禹明超　　责任编辑：禹明超
美术编辑：王齐云　　装帧设计：王齐云
责任校对：陈　民　　责任印制：赵　龙

出版发行：北京师范大学出版社	开本： 890 mm × 1240 mm　1/32	版次： 2023 年 5 月第 1 版
印刷：北京盛通印刷股份有限公司	印张： 6.875	印次： 2023 年 5 月第 1 次印刷
经销：全国新华书店	字数： 150 千字	定价： 58.00 元

北京师范大学出版社

http://www.bnup.com
北京市西城区新街口外大街 12-3 号
邮政编码： 100088
营销中心电话： 010-58805602
主题出版与重大项目策划部： 010-58805385